本书为吉林省教育厅重点项目（JJKH20190735SK）、吉林财经大学科学研究项目（2017P37）、吉林省企业财务与会计研究中心项目（JCK2020015）阶段性研究成果，受国家留学基金委资助。

管理会计

对企业价值创造的影响

Influence of
MANAGEMENT ACCOUNTING on
Enterprise Value Creation

周 园 著

社会科学文献出版社
SOCIAL SCIENCES ACADEMIC PRESS (CHINA)

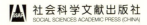

摘　要

　　从 2014 年 10 月财政部发布《关于全面推进管理会计体系建设的指导意见》开始，我国管理会计步入改革阶段。2016 年 6 月财政部发布了《管理会计基本指引》，2017 年 9 月发布了《管理会计应用指引第 100 号——战略管理》等 22 项管理会计应用指引。然而，调查显示，很多企业仍然处于"不知在做"和"不知如何去做"的境况。切实提高企业的管理会计水平，落实管理会计制度，使管理会计成为服务于企业价值创造的有效工具，已经成为我国管理会计改革的重中之重。随着"互联网＋"的开展，企业价值创造能力的提升也日益为学者所关注。虽然管理会计与企业价值创造之间的关系得到了学术界的普遍认可，但管理会计是如何影响企业价值创造的、企业价值创造的水平又应该如何评价、如何通过企业价值创造中存在的问题找到管理会计的解决方案，并没有得到有效的解决。因此，本书以此为切入点，分析影响企业价值创造的因素，通过管理会计影响价值创造的路径，反溯企业管理会计体系中存在的问题，帮助企业从管理会计指引中选择适宜的管理会计工具方法，构建管理会计应用体系。

　　本书首先对研究背景与意义、国内外相关文献进行了梳理和评述，阐述了主要研究内容与方法，并提出创新之处。其次，对相关概念进行了界定，并提出了研究的理论依据。对价值创造的概念进行了界定，由于价值和价值创造的概念是本书研究的基础，也是之后对价值创造维度和其测项进行度量的基础，因此，本书对价值概念的产生和发展、经济学和管理学中不同流派对价值的界定进行了详细的梳理，在此基础上，结合研究目的提出了价值创造的概念。之后，对企业价值创造的相关理论进行了介绍，由于本书对价值创造关键因素的划分是建立在价值链、价值网络和学习型组织理论基础上的，因此，本书对其进行了重点介绍。依据价值链、价值网络和学习型组织理论可以划分企业价值创造中的关键环节，但企业价值创造能力取决于企业在这些关键环节上的能力，因此，需要依据价值创造能力的相关理论对企业在价值创造关键因素上的能力进行界定，这也是确定价值创造关键因素能力的维度及其测项的依据。再次，从理论角度对管理会计促进企业价值创造的路径进行了分析。管理会计对企业价值创造的促进作用实际是通过管理会计工具的使用而实现的。依据价值链、价值网络和学习型组织理论，可以将企业创造价值的活动划分为研发、组织运营、分销、供应商管理、顾客管理、社会责任履行和学习等关键环节，而企业在这些方面的能力影响着企业价值创造的能力。管理会计工具的使用可以促进企业在这些关键环节上价值创造能力的提高，因此，从理论上说，管理会计对企业价值创造的影响是通过其工具的使用影响企业在价值创造关键环节上的能力，从而促进企业整体价值创造能力的提升。复次，运用结构方程的分析方法对管理会计工具、价值创造关键因素能力和价值创造之间的关系进行实证检验，并提出了本书的研究假设，根据研究假设对结构方程模型进行了初步构建；对主要变量进行了设计，包括管理会计工具、价值创造关键因素能力和价值创造的主要维度和测项；进行了调查问卷设计与数据收集，对问卷信度与效度进行了分析，在此基础上对模型进行修正与检验；通过结构方程模型验证了管理会计工具、价值创造关键因素能力和价值创造三者之间的路径关系，得出研究结论：第一，管理会计对企业价值创造的作用是通过管理会计工具的使用来提高价值创造关键因素能力，从而促进企业价值创造能力的提升；第二，管理会计工具在被调查企业中得到了比较普遍的应用，但战略管理和风险管理工具的应用比较有限；第三，被调查企业的组织运营能力、供应商管理能力、顾客管理能力、社会责任履行能力和学习能力对企业价值创造的贡献度较高，而被调查企业的研发能力和分销能力对价值创造的贡献度较低，被调查企业的顾客管理能力、社会责任履行能力对价值创造的贡献度较高。最后，构建了基于企业价值创造的管理会计应用体系。

Abstract

Since October 2014, the Ministry of Finance issued the guiding opinions on comprehensively promoting the construction of management accounting system, China's management accounting has entered the stage of reform. In June 2016, the Ministry of Finance issued the basic guidelines for management accounting, and 22 management accounting application guidelines, such as the application guidelines for management accounting No. 100—strategic management, were issued in September 2017. However, according to the survey, many enterprises are still in the situation of "not knowing what to do" and "not knowing how to do it". Effectively improve the management accounting level of enterprises, implement the management accounting system, and make the management accounting become an effective tool to serve the value creation of enterprises, have become the top priority of management accounting reform in China. With the development of "Internet plus", the improvement of value creation ability of enterprises is increasingly concerned by scholars. Although the relationship between management accounting and value creation has been generally recognized by the academic community, how does management accounting affect value creation, how to evaluate the level of enterprise value creation, and how to find solutions to management accounting through the problems existing in value creation have not been effectively solved. Therefore, this paper takes this as a starting point to analyze the factors that impact the enterprise value creation, through the path of management accounting influencing value creation, traces back the problems existing in the enterprise management accounting system, helps enterprises choose appropriate management accounting tool methods from the guidance of management accounting, and constructs the application system of management accounting.

Firstly, in this paper, the research background and significance, domestic and foreign related literature are combed and commented, the main research content and methods of this paper are described, and the innovation of this paper is proposed. Secondly, it defines the related concepts and puts forward the theoretical basis for the study. The concept of value creation is defined. Since the concept of value and value creation is the basis of this study, and also the basis of measuring the dimensions of value creation and its measurement items, this paper combs in detail the generation and development of value concept, and the definition of value of different schools in economics and management. On this basis, combined with the purpose of the study, the concept of value creation is put forward. After that, it introduces the relevant theories of enterprise value creation. Because the division of the key factors of value creation is based on the theory of value chain, value network and learning organization, so the paper focuses on it. According to the theory of value chain, value network and learning organization, the key links of enterprise value creation can be divided, but the ability of enterprise value creation depends on the ability of enterprise in these key links. Therefore, it is necessary to define the ability of enterprise on the key factors of value creation according to the theory of value creation ability, which is also to determine the dimensions of the ability of key factors of value creation Degree and the basis of its measurement items. Thirdly, it analyzes the path of management accounting to promote the value creation of enterprises from the theoretical point of view. The promotion of management accounting to value creation is realized through the use of management accounting tools. According to the theory of value chain, value network and learning organization, the activities of enterprise value creation can be divided into R&D, organization and operation, distribution, supplier management, customer management, social responsibility performance and learning, and the ability of enterprises in these aspects impacts the ability of enterprise value creation. The use of management accounting tools can promote the improvement of enterprises' ability in these key links. Therefore, theoretically, the impact of management accounting on value creation is to promote the ability of enterprises in key value creation links through the use of management accounting tools, so as to promote the overall value creation ability of enterprises. Fourthly, this paper uses structural equation analysis method to test the relationship among management accounting tools, value creation key factors ability and value creation. This paper puts forward the research hypothesis, and then preliminary constructs the structural equation model according to the research hypothesis; designs the main variables, including the main dimensions and measures of management accounting tools, value creation and the ability of key factors of value creation; the questionnaire design and data collection are carried out, and the reliability and validity of the questionnaire are analyzed; through the structural equation model, we verify the path relationship among management accounting tools, value creation and value creation key factors ability, and get the conclusion of this paper: First, the role of management accounting in value creation is to promote the ability of key factors of value creation through the use of management accounting tools, so as to promote the value creation of enterprises; second, management accounting tools have been widely used in investigated enterprises, but the application of strategic management and risk management tools is limited; third, the organization and operation ability, supplier management ability, customer management ability, social responsibility performance ability and learning ability of investigated enterprises contribute a lot to the enterprise value creation. However, the contribution of R&D and distribution capabilities of investigated enterprises to value creation is low. The customer management ability and social responsibility performance ability of the investigated enterprises have higher contribution to value creation. Finally, the application system of management accounting based on enterprise value creation is constructed.

目　录

第一章

绪论

第一节 研究背景与研究意义

一 研究背景

从 2014 年 10 月财政部发布《关于全面推进管理会计体系建设的指导意见》开始,我国管理会计步入改革阶段,然而,调查显示,很多企业仍然处于"不知在做"和"不知如何去做"的境况。切实提高企业的管理会计水平,落实管理会计制度,使管理会计成为服务于企业价值创造的有效工具,已经成为我国管理会计改革的重中之重。近年来,管理会计研究进入了一个新的阶段。2012 年,美国管理会计师协会(IMA)公布了新修订的《管理会计公告》,对企业管理会计体系的建设提出了很多建设性意见和宝贵的原则;2014 年,美国皇家特许管理会计师公会(CIMA)和美国注册会计师协会(AICPA)联合发布了《全球管理会计原则》。我国财政部于 2016 年 6 月发布了《管理会计基本指引》,2017 年 9 月发布了《管理会计应用指引第 100 号——战略管理》等 22 项管理会计应用指引,包括企业战略管理、预算管理、成本管理、经营管理、投融资管理、绩效管理等,标志着我国进入了管理会计改革时期。企业应该如何根据自身发展状况在 22 项管理会计应用指引中选择适宜的方法，实现自身的价值创造，是企业亟待解决的问题。

很多学者对管理会计与企业价值创造的相关性进行了研究。冯巧根（2015）认为，管理会计本质上是企业组织的一种价值管理行为，它以经营活动为核心，目的是实现组织战略、创造组织价值。孙茂竹等（2012）认为，作业管理和价值管理是管理会计的两个轮子，两者的内在统一构成了管理会计学的完整体系。美国管理会计师协会（2013）将管理会计阐述为可以帮助组织管理者决策、创造组织价值的信息系统。可见，管理会计以为企业创造价值为目标。但是，关于管理会计是如何作用于企业进而实现价值创造的，存在不同观点：王斌、顾惠忠（2014）将组织活动划分为融资活动、投资活动和经营活动，他们认为融资和投资活动及其管理构成了财务管理的核心内容，管理会计关注组织经营活动，通过改善组织经营为组织创造价值；诸波、李余（2017）认为，管理会计通过价值信息指导业务活动，通过现金流管理、风险管理和战略管理为企业创造价值，从而实现"价值溯源、业务求本"的业财融合，并提出构建服务于现金流管理、风险管理和战略管理的价值创造管理会计体系；Ittner 和 Larcker（2001）提出了以价值为基础的管理会计框架，认为质量、时间和成本是企业价值创造的关键因素。

虽然管理会计与价值创造之间的关系得到了学术界的普遍认可，但管理会计是如何影响企业价值创造的、企业价值创造的水平又应该如何评价、如何通过企业价值创造中存在的问题找到管理会计的解决方案，并没有得到有效的解决。因此，本书以此为切入点，分析影响企业价值创造的因素，通过管理会计影响价值创造的路径，反溯企业管理会计体系中存在的问题，帮助企业从管理会计指引中选择适宜的管理会计工具方法，构建管理会计应用体系。

二 研究意义

1. 理论意义

第一，很多学者从理论角度论证了管理会计和企业价值创造之间的关系，但鲜少有学者从实证角度对两者之间的关系进行检验，本书利用结构方程的分析方法对管理会计和企业价值创造之间的关系进行了实证分析，从实证研究角度对管理会计与价值创造之间的关系进行了检验。

第二，本书运用结构方程的分析方法，通过因子分析和路径分析，揭示了隐藏在管理会计与价值创造关系理论下的影响企业价值创造的真实路径、价值创造关键因素能力对企业价值创造的影响程度，以及管理会计工具对企业价值创造关键因素能力的贡献度，从实证研究角度弥补了理论研究中的不足。

第三，通过管理会计工具、价值创造关键因素能力与价值创造之间的路径关系，可以发现哪些因素是促进被调查企业价值创造的关键因素，以及被调查企业在价值创造关键环节中存在的问题。分析管理会计工具与价值创造关键因素能力之间的路径关系，也有助于发现被调查企业在管理会计应用过程中存在的问题。可以通过管理会计作用于价值创造的机制，反向推断出管理会计中存在的问题，构建管理会计应用体系；指导企业选择管理会计工具方法，提高管理会计在企业价值创造过程中的作用，拓展以价值为基础的管理会计框架。

2. 实践意义

企业是国民经济发展的微观主体，是 GDP 提升的主要推动力。但在笔者前期调查中，很多企业的管理会计体系不够完善，即使是大型企业也存在很多问题，例如存货大量积压、应收账款大量呆账、员工积极性不高、生产效率低下、产能利用率不高、浪费现象严重、企业管理和产品缺乏创新、管理体系不健全、缺乏长期发展势头。企业内部管理中存在的问题或成为数字经济企业竞争力提升的阻力。本书的实际应用价值有如下几点。

第一，有利于提升企业的价值创造能力。通过对企业在价值创造关键因素上的能力及其与价值创造之间的关系进行分析，可以找到企业价值创造关键环节中存在的问题，有利于企业找到价值创造的薄弱环节，在内部改善过程中提升价值创造能力，从而获得长期竞争能力。

第二，有利于提高企业的管理会计应用水平。管理会计作为企业管理和决策系统的重要支撑体系，连接着企业财务和业务等系统，在企业价值创造中起着重要作用。但多年来，我国企业管理会计水平普遍不高，先进的管理会计工具应用效果不佳，没有发挥出管理会计在企业内部管理、信息获取、决策制定、组织规划和运用等方面的关键作用。本书研究了管理会计工具与价值创造关键因素和企业价值创造之间的关系，有助于企业找出在企业价值创造关键环节中管理会计存在的问题，发掘管理会计体系中存在的问题，从而根据相关制度选择适宜的管理会计工具方法，使企业知道自己在做什么、存在哪些问题和如何改进；建立适合自身发展要求的管理会计体系，也有利于管理会计指引在企业的落实。

第三，有利于企业实现供给侧结构性改革。以价值创造为逻辑起点的管理会计应用体系，在准确识别企业价值形成和增值节点的基础上，选择适用的管理会计工具，能够提高企业资源的配置效率与使用效率，能够降本增效、优化产能结构、调整产品结构、激发创新潜力；有利于企业契合供给侧结构性改革目标，从内部管理角度，切实提升资源利用效率与配置效率，提高企业价值创造能力。

第二节　国内外研究现状

一　关于管理会计演变及其职能发展的相关文献

1. 国外管理会计的产生

管理会计的产生主要经历了四个阶段。首先是萌芽阶段，受泰勒科学管理理论的影响，传统的企业会计在管理方面的运用开始显现，以经营管理为基础的管理会计在企业会计的基础上孕育而生。其次是成本会计阶段，经济发展的初期建设急于求成和盲目冒进造成了生产资源的大量浪费，人们普遍缺乏成本意识，为了节约成本，企业建立了"标准成本会计"并发展为早期管理会计的重要组成部分。再次是现代管理会计阶段，资本主义企业进一步集中，跨国公司大量涌现，企业的规模越来越大、生产经营日趋复杂以及企业外部的市场情况瞬息万变致使竞争更加激烈，管理会计从传统的会计系统中分离出来，形成了与财务会计并列、着重为企业改善经营管理并提高经济资产服务的信息系统，并从执行性管理会计向决策性管理会计转变。最后是后现代管理会计阶段，Kaplan 和 Norton（1992）提出了平衡计分卡的概念，这是后现代管理会计阶段取得的一项重要的综合性创新成果。在这一阶段，管理会计开始在决策支持、经营规划与控制系统的范畴上，进行观念上的创新，实现价值创造成为企业运用管理会计工具的目标。

2. 国内管理会计职能的发展

随着管理会计的产生与完善，管理会计的职能也逐渐得到了发展。吴尚蔚（2004）基于利益相关者的角度研究了管理会计的职能，指出管理会计具备预测、决策、规划、控制以及评价等职能。张旺军（2001）提出，在当前市场经济环境下，企业经营管理几乎围绕价值管理开展，并将管理会计的职能重点划分为：预测经济环境、为企业经营提供决策服务、为企业经营提供目标、转变经济发展方式以及指导考核企业经营业绩。王斌、顾惠忠（2014）基于企业价值的视角，将管理会计职能分为两个层次：一个是信息支持体系，它是一个精细化价值驱动因素分析与决策的信息平台；另一个是管理控制体系，它以价值驱动因素为基础规划和调节企业经营过程。熊云（2015）指出，管理会计作为从传统会计中分离出来的与财务会计并列的一个会计分支，其职能已经从财务会计中单纯的记账、报账和核算扩展到解析过去、控制现在与筹划未来的有机结合。

综合来看，随着管理会计的产生与发展，企业越来越关注价值层面的因素，而管理会计职能所涵盖的范围也越来越广，现代管理会计的主要职能已经发展为分析职能、预测职能、决策职能、计划职能、控制职能和考核职能。

二 关于价值创造影响因素的相关文献

就企业内部而言，作为企业上下游的供应商和顾客在不同层面影响着企业的价值创造能力，与供应商建立长期的合作关系有助于企业经营活动的顺利开展，与顾客建立稳定的友好关系有助于企业核心竞争力的培育。从供应商层面来看，Gietzmann（1996）认为供应商加入合作并提供技术能加速产品研发，提高产品质量。Ahuja（2000）指出，供应商和顾客是企业获取外部创新知识、进行技术创新活动的重要来源。Dubois 和 Araujo（2007）提出了供应商的直接与间接功能，他们将供应商为企业创造出的货币价值与非货币价值置于同等重要的地位，并将供应商创造价值的维度称为供应商功能。从顾客层面来看，Oliver（1993）曾经指出，无论是根据一次性经验还是一段时间内的累积性经验来测度顾客满意度，服务质量都是顾客满意度的重要驱动因素。Dyer 和 Nobeoka（2000）认为，企业形象是公众将企业的不同属性与其竞争对手加以比较的聚合过程所形成的结果。

从供应商层面来看，我国学者李勇（2005）和张军果（2007）的研究表明，供应商和制造商合作研发，能最大限度地加大企业的研发投入和催生研发成果，实现双方共赢。赵一玮（2011）指出，对很多企业来说，与供应商的关系正演变为自身的无形资产，尤其是与某些为企业提供了独特价值的供应商的关系，能为企业带来持续的利润乃至竞争优势。从顾客层面来看，顾海英（2019）也发现公司的价值是否能够得到提升，在很大程度上是市场对公司产品和服务进行选择的结果，提供优质、高效的产品和服务无疑是公司赢得市场支持的重要方式，是上市公司最主要的价值创造驱动因素。李惠璠等（2012）的实证研究表明，企业形象不但直接正向影响顾客态度忠诚，而且通过顾客价值和顾客满意间接地正向影响顾客的态度忠诚。赵恩北（2019）认为，随着消费结构升级，消费者越来越强调独特性和价值感，品牌形象建设及优化逐渐成为零售企业拓展市场覆盖范围、提升消费者感知价值的关键，从这个角度来看，良好的品牌形象也能在某种程度上影响企业的价值创造。刘英明（2017）指出，企业应该建立以顾客为中心的质量文化，以"两个关注"（关注产品全生命周期、关注顾客运营全过程）引领价值创新，并进行延伸质量管理，追求质量价值增值。

三　关于管理会计与价值创造之间关系的相关文献

很多学者在研究中指出管理会计与价值创造存在密切的关系，并进行了实证研究。在宏观的市场运行中，充分利用管理会计的预测、决策职能对企业把握经济新常态、政府政策调控、外界环境不确定性具有重要的战略意义。在微观的内部管理中，管理会计预测决策体系、规划控制体系和评价报告体系的构建与实施，以及管理会计信息系统的发展、以价值创造为导向的社会责任的承担，成为理论界与实务界分析管理会计与价值创造之间关系的切入点。通过梳理现有国内相关研究文献，管理会计与价值创造的关系可表现为以下几个方面。

1. 学科性质

与财务会计不同，管理会计加工、处理和报告信息的根本是以价值增值和价值维护为核心的。余绪缨（1983）指出，管理会计这门学科能够给企业的经营管理带来事半功倍的效果，他认为管理会计能追踪、考量并评价企业层层设置的经营目标。进一步深化这一理念的是国外学者罗伯特·卡普兰，他强调运用平衡计分卡的方法可以将管理会计打造为创造企业价值的系统。刘敬芝、焦文娟（2015）也表明，管理会计是集成战略决策制定、计划过程执行的信息系统，该信息系统能够助力企业价值创造。可见，管理会计的学科性质使其与价值创造之间存在关系成为必然。

2. 逻辑起点

谢志华、敖小波（2018）以逻辑起点为切入视角，探索了管理会计与价值创造之间的关系，并认为其具有显著的研究意义。当市场供应短缺时，生产导向型的管理会计使企业聚焦内部，着力于生产效率提升和成本管理。随着生产设备更新改造、产品大量积聚，需求导向型的管理会计发展起来，企业更加关注外部市场需求，基于战略视角进行收入规划和成本控制是管理会计创造企业价值的主要方式。由于经济飞速发展，产品和服务层出不穷的同时顾客需求也变得越来越多样化，以供给为导向的管理会计主要以提高顾客满意度为前提，重建内部结构并重视产品供给方式，此时价值链理论、价值网络理论和价值星系理论逐渐兴起，为企业拓展网络关系、实现资源共享、最终创造价值提供了扎实的理论依据。

3. 影响路径

李锐（2019）指出，管理会计依据资金流动情况、结合业务信息并制定相应方案进行战略布局管理能为企业的发展提供决策信息，随后实施成本规划可控制资源消耗，有助于企业实现经济效益最大化，而且充分运用管理会计工具方法构建科学合理的营运体系能够促进企业长远发展。姚远（2016）将管理会计创造企业价值的途径分为四个方面，分别是成本管理、价值链管理、组织结构和控制激励，并指出管理会计的使命和目标在于提高企业的经济效益。管理会计信息系统是对企业生产经营过程中产生的各种信息进行加工、分析、转化和反馈，这不仅加强了对企业内部的经营管理，也是对企业价值创造的真实反映。

4. 体系构建

管理会计与价值创造相互作用、相辅相成，以管理会计的本质定义为出发点，运用管理会计的职能和工具方法使企业内外部开展的价值管理模式更具可行性，而以价值创造为基础构建的管理会计应用体系，也为管理会计理论的发展提供了现实依据。诸波、李余（2017）指出，分析企业的财务、业务信息，突破价值链上的价值约束环节并搭建管理会计平台，合理利用管理会计工具使其适应企业软硬件环境的要求，并将其导入管理会计信息系统，使管理会计应用体系能够兼顾现金流管理、风险管理和战略管理。这些均对管理会计的学科发展具有重要的指导意义。

四 文献评述

从以上文献中可以看出，管理会计与价值创造存在着紧密的联系，管理会计可以影响企业的价值创造能力。但管理会计影响企业价值创造的具体路径是什么，并未有学者从实证角度进行论证。而企业的价值创造能力会受到多种因素的影响，这些因素是如何影响企业价值创造能力的，管理会计是否会通过影响这些因素，进而影响企业的价值创造能力，尚未有学者进行深入探讨。因此，本书从此角度出发，探讨企业在价值创造关键因素上的能力，以及管理会计和这些关键因素能力和企业价值创造之间的关系。

第三节 主要研究内容与研究方法

一 主要研究内容

本书要研究的是管理会计、价值创造关键因素能力和价值创造三者之间的关系，因此，本书的研究主要围绕上述内容展开，具体研究内容如下。

第一章为绪论，阐述了本书的研究背景与意义，并对国内外关于管理会计、价值创造影响因素和价值创造的相关文献进行了梳理和评述，阐述了本书的主要研究内容与方法，并提出了本书的创新之处。

第二章为相关概念界定与理论基础。此部分首先对价值创造的概念进行了界定，由于价值和价值创造的概念是本书进行研究的基础，也是之后对价值创造维度和其测项进行度量的基础，因此，本部分对价值概念的产生和发展、经济学和管理学中不同流派对价值的界定进行了详细的梳理，在此基础上，结合本书的研究目的提出了价值创造的概念。然后，对企业价值创造的相关理论进行了介绍，由于本书对价值创造关键因素的划分是建立在价值链、价值网络和学习型组织理论基础之上的，因此，本部分对其进行了重点介绍。而依据价值链、价值网络和学习型组织理论可以划分出企业价值创造中的关键环节，且企业价值创造能力取决于企业在这些关键环节上的能力，因此，需要依据价值创造能力的相关理论确定企业在各关键因素上的能力，这也是确定价值创造关键因素能力的维度及其测项的依据。

第三章为本书的理论分析部分。本部分对管理会计促进企业价值创造的路径从理论角度进行了分析。管理会计对价值创造的促进作用实际是通过管理会计工具的使用而实现的。依据价值链、价值网络和学习型组织理论，可以将企业创造价值的活动划分为研发、组织运营、分销、供应商管理、顾客管理、社会责任履行和学习等关键环节，而企业在这些环节上的能力影响着企业价值创造的能力。管理会计工具的使用可以促进企业在这些关键环节上能力的提高，因此，从理论上说，管理会计对价值创造的影响可能是通过其工具的使用来提高企业在价值创造关键环节上的能力，从而促进企业整体价值创造能力的提升。

第四章为本书的实证分析部分。本部分主要运用结构方程的分析方法对管理会计工具、价值创造关键因素能力和价值创造之间的关系进行实证检验。首先，提出了本书的研究假设，然后根据研究假设对结构方程模型进行了初步构建；其次，对主要变量进行了设计，包括管理会计工具、价值创造关键因素能力和价值创造的主要维度和测项；再次，进行了调查问卷设计与数据收集，对问卷信度与效度进行分析，在此基础上对模型进行修正与检验；最后，通过结构方程模型验证了管理会计工具、价值创造关键因素能力和价值创造三者之间的路径关系，并得到了本书的研究结论。

第五章在实证研究的基础上，提出了以价值创造为导向的企业管理会计应用体系构建的具体路径。通过提高战略管理工具对价值创造的有效性、构建一个有效的企业成本核算系统、建立基于平衡计分卡的绩效管理和预算体系、完善企业风险管理等，提高管理会计工具对企业价值创造的贡献度。

二　主要研究方法

1. 文献调查法

对管理会计、价值创造影响因素、管理会计与价值创造之间关系的国内外相关文献进行了收集和梳理，提出本书的研究目标；在对相关理论进行分析的基础上，根据研究目标进行了本书的理论与实证分析。

2. 专家访谈法

为保证调查问卷设计的合理性，与相关专家进行座谈，广泛征求意见，对调查问卷的测项进行改进，最终形成了本书的调查问卷。

3. 问卷调查法

为通过结构方程分析方法对变量之间的关系进行分析，本书采用了发放调查问卷的方法收集数据。

4. 结构方程分析方法

运用结构方程的分析方法确定管理会计工具、价值创造关键因素能力和价值创造之间的关系。在企业价值创造评价体系的构建中，分析并识别影响企业价值创造的各类因素及各因素间的相互关系；通过发放调查问卷等数据收集手段，获得能度量企业价值创造的各种指标，在发放问卷时保证数据的合理性和完整性。用统计软件（SPSS 19.0）对数据进行处理，建立合理的结构方程模型；对构建的结构方程模型进行识别，并对模型进行估计和评价，通过变量之间的路径系数对三者之间的关系进行检验。

第四节　研究创新

1. 研究设计的创新

人们对于管理会计对价值创造的促进作用已基本达成共识，但管理会计促进企业价值创造的具体路径尚未有学者从实证角度进行检验。本书从价值形成的角度来检验价值创造关键因素能力、价值创造和管理会计之间的关系，既可以检验出价值创造关键因素能力与企业价值创造之间的关系，也可以探索出管理会计促进企业价值创造的具体路径，进一步可以揭示我国企业在价值创造和管理会计应用中存在的问题。

2. 变量设计的创新

以往文献对企业价值创造的研究主要集中于某一方面，如学习能力、创新能力、营销管理等对企业价值创造的影响。本书根据价值链理论、价值网络理论和学习型组织理论，将企业创造价值的活动划分为三大类，即企业内部价值创造活动、外部网络关系、学习能力与组织文化。为识别企业价值创造的关键环节，将内部价值创造活动进一步划分为研发、组织运营、分销；外部网络关系进一步划分为供应商管理、顾客管理和社会责任履行，以及学习等七个方面，并将这七个方面称作价值创造关键因素。在这七个因素的基础上，依据资源基础理论、核心能力理论、动态能力理论和关系理论，确定企业在每一个价值创造关键因素上的能力，将其作为价值创造关键因素能力的维度，并以此设计调查问卷中的测项。基于此，本书能够比较全面地反映企业价值创造的关键环节，并对影响企业价值创造的关键因素进行综合、全面的衡量。

本书对企业价值创造能力的界定也突破了以往研究方法中以长期、短期绩效作为衡量指标的做法，在对价值概念产生和发展的历史进行梳理的基础上，从管理学角度，以顾客价值和企业价值作为衡量企业价值创造能力的基础。

第二章

相关概念界定与理论基础

本章主要对相关概念进行界定，并阐述了本书研究的理论基础。价值概念的界定是本书展开研究的基础，而管理学中价值的概念来源于经济学，并受到经济学的影响。因此，本书首先对价值概念的历史演变进行了梳理，并对经济学和管理学中主要价值流派对价值的界定进行了介绍。在以上梳理的基础上，提出了本书对于价值创造概念的界定。本书要研究的是管理会计工具、价值创造关键因素能力和价值创造之间的关系，价值链理论、价值网络理论和学习型组织理论为本书对企业价值创造关键因素的研究提供了理论支撑，而直接影响企业价值创造能力的是企业在这些关键影响因素上的能力，因而，价值创造能力的相关理论为企业关键因素能力的确定提供了理论基础。

第一节　相关概念界定

一　价值概念的梳理

1. 价值概念的产生

价值概念最早产生于哲学领域，随着生产力的发展逐渐被引入经济学领域，其后逐渐被引入管理学领域。

（1）价值概念的哲学萌芽

历史上最初的价值观念来自自然与人类物质生活需要之间的关系。古希腊时期，苏格拉底的价值哲学思想奠定了价值论的基础，柏拉图把苏格拉底关于人的德性的探索归纳为智慧、勇敢、节制、正义这四种最基本的德性，奠定了价值存在的理论基石。亚里士多德把价值界定为善，他通过对善的实行者和善的对象的分析，得出价值的属人性和价值对象多样性的结论（潘红霞，2008），价值的哲学思想就此产生。

（2）价值概念的经济学形成

随着人类生产力的提高，社会经济形态由渔猎经济、农业经济逐步过渡到工业经济，不同时代背景下的生产力水平提高推动了人类对价值的研究，价值的概念也随之不断演化。

公元5世纪末至公元14世纪，欧洲封建社会自给自足的自然经济占统治地位，此时社会生产力发展极其缓慢，因此只是沿袭了古希腊时期关于价值的思想。15世纪初，欧洲文艺复兴运动进入初期发展阶段，重商主义的经济思想应时而生，由此产生了资产阶级商品价值理论。到16世纪，价值论有了进一步的发展。17世纪中叶，英国资本主义已经有了很大发展，部分商业资本转化为产业资本，从流通领域转到生产领域。1662年，古典经济学派创始人威廉·配第在《赋税论》中首次提出劳动是价值的来源这一基本观点。1776年，英国古典政治经济学家亚当·斯密在其著名的《国富论》中系统地发展了初期的劳动价值论，正确区分了使用价值和交换价值这两个概念。随着18世纪60年代英国工业革命的开始，19世纪初经济学领域对价值概念的研究步入高潮，这个阶段资本主义制度为了显示其优越性需要有与之相适应的理论。大卫·李嘉图于1817年在其著作《政治经济学及赋税原理》中，总结并完善了古典经济学劳动价值论。19世纪三四十年代，英国工业革命已经基本完成，随着资本主义迅速发展，资本家的财富积累使无产阶级和资产阶级矛盾上升为主要矛盾，工人阶级被剥削。1859 年，马克思在《政治经济学批判》中对劳动价值学说进行了首阐述，并于 1867 年在《资本论》第一卷中进行了补充，详细论述了劳动创造价值的过程和价值增值过程。19 世纪 70 年代，欧洲的第一次工业革命基本结束并进入工业经济时代，生产规模不断扩大，物质产品日益丰富，市场的重心也逐渐由生产者领域向消费者领域转移，价值的概念开始转向主观消费视角，效用价值论基于这一现状而产生。英国经济学家杰文斯、奥地利经济学家门格尔、法国经济学家里昂·瓦尔拉斯在前人研究的基础上，几乎同时提出了边际效用价值论思想，并在之后形成了以奥地利学派为代表的心理学派和以洛桑学派为代表的数理学派。心理学派将心理分析引入经济学研究领域，引申出边际效用量决定商品价值的规律；数理学派用数学方法论证自己的边际效用学说，帕累托第一次系统地提出了序数意义上的效用价值论。19 世纪末，新古典学派代表人物马歇尔在供求论基础上对各种价值论加以综合，提出了均衡价值论。希克斯利用序数效用论推导出需求曲线，并扩展了瓦尔拉斯的一般均衡理论。最终，萨缪尔森成为这一理论的集大成者。20 世纪初，边际学派跃升为西方经济学的主流。随着社会经济的不断发展，19 世纪末，人们意识到商品的价值是由供给和需求同时决定的，这时英国著名经济学家马歇尔结合了劳动价值论、生产费用论、边际效用论提出了均衡价值论，即新古典主义价值理论。新古典主义价值理论通过数理模型诠释了市场运行的规律和效率，认为商品的价值是由市场的力量决定的，而不是由消费者或生产者的单一力量决定的。20 世纪 30 年代凯恩斯现代宏观经济学理论出现后，斯拉法借用投入—产出分析法，提出了斯拉法价格理论，其强调生产技术、劳动、资本比例在价值创造中的重要作用，为凯恩斯理论提供了价值理论方面的支撑。

可见，社会经济的发展，推动了人们对价值概念和价值形成过程的研究。有关价值概念的研究从关注决定商品价值的内部因素，逐步演变为对外部因素以及对生产者、消费者和市场之间均衡关系的研究，最终演进为对要素比例在价值创造中作用的研究。经济学研究的不断细化，为微观经济学和企业管理学的发展铺垫了基石，带动了管理学关于价值创造的研究。

（3）价值概念的管理学演进

经济学对影响价值要素研究的不断细化，为管理学中的价值理论研究奠定了基础。管理学的发展经历了三个阶段：以泰勒等人为代表的古典管理阶段、以梅奥等人为代表的现代管理阶段和以波特等人为代表的当代管理阶段。

18世纪中叶前，管理学并没有形成一个完整的科学体系。工业革命的兴起，促进了企业生产效率的提高，但在企业规模不断扩大的同时，也给企业管理带来了挑战。雇主与员工的矛盾、投入与产出之间的偏离不断深化，逐渐引起学者们的普遍关注。1911年，泰勒提出了科学管理思想，将企业管理引向科学，标志着管理学的诞生，企业管理逐渐成为一门独立的学科。这一时期出现了以泰勒、法约尔、韦伯等为代表的科学管理学派，其研究重点在于如何通过科学的管理方法促进企业生产效率和管理效率的提高。

20世纪20年代，梅奥等人的霍桑实验开了行为科学学派的先河。之后，出现了马斯洛的需求层次理论、赫茨伯格的双因素理论、麦克莱兰的激励需求理论、麦格雷戈的人性假设理论、弗鲁姆的期望理论等，管理学研究步入一个新的阶段。行为科学学派关注组织中人的行为和关系对管理效率的影响。20世纪40年代到80年代，除了行为科学学派出现了蓬勃发展外，管理学还发展出很多学派：管理过程学派、科学管理学派、社会系统学派、决策理论学派、系统理论学派、经验主义学派和权变理论学派等，形成了管理理论"丛林"。

20世纪80年代，管理学又迎来了质的飞跃。1985年，美国哈佛商学院教授迈克尔·波特在《竞争战略》一书中，首次明确提出了管理学中的价值概念，认为价值是买方愿意为企业提供给他们的产品所支付的价格，而创造价值是任何企业的基本战略目标（波特，1997b）；并提出了价值链理论，认为企业创造价值的活动像一条链条一样环环相扣，通过价值链的分解与整合，提高企业的竞争能力，实现企业的价值创造。企业能力学派对波特的观点进行了推进，认为通过整合企业的生产、经营行为及其特有能力可以使企业获得竞争优势。之后，Mercer顾问公司著名顾问Adrian Slywotzky提出了价值网络概念，认为信息技术的冲击使传统的供应链已经转变为价值网络。价值网络整合了顾客、供应商、合作伙伴以及信息和资金，是企业创造价值的关键。20世纪90年代，美国麻省理工学院教授彼得·圣吉出版了《第五项修炼：学习型组织的艺术与实践》，提出了学习型组织理论，认为为应对不断变化的外部环境，组织应具有变革和适应外界的能力。这一时期，管理学发展为从系统论的角度研究企业创造价值的能力，不仅关注企业内部组织和流程，也关注员工、智力资本，以及与外界的相互作用。究其根本，管理学家们认识到，企业管理活动与外界是双向互动的，而不是单向线性关系；是人参与的，而不是机械化的硬管理。

从管理学发展的脉络来看，管理学研究从注重组织内部科学管理与管理效率的硬管理逐步过渡到关注企业文化的软管理，再到关注组织、人、环境的系统性管理。其每一阶段都是随着经济环境和科技的进步而转变的结果。虽然管理学初创时并没有直接提出企业价值的概念，但是从其创立伊始即是在研究如何提升企业价值创造的能力，关注企业价值形成的过程。

（4）价值概念的财务学延伸

虽然财务学属于广义管理学，但财务学中价值概念的提出早于企业管理领域，财务学的产生和发展受到经济学和管理学的双重影响。企业价值的概念最早可追溯到 Fisher（1906）提出的资本价值理论。伴随产权理论和产权市场的发展，财务学将商品价值的概念引入企业。美国的管理学者 Modigliani 和 Miller（1958）认为，企业价值是其股票的市场价值与债务的市场价值之和。之后，出现了股东财富最大化理论、公司价值最大化理论和利益相关者理论。不同于管理学研究企业价值的形成过程，财务学关注企业价值的财务度量。

2. 价值的内涵

经济学和管理学对价值的研究，形成了不同的价值概念。经济学和管理学从不同的研究角度对价值的概念进行了界定。

（1）价值的经济学内涵

不同的经济学流派对价值研究的角度不同，对其概念的界定也就不相同。经济学对商品价值的研究最终演变为三个主要流派：劳动价值论流派、效用价值论流派和均衡价值论流派。这三个流派从不同的视角对价值的概念进行了界定。

①劳动价值论

劳动价值论认为人类劳动决定商品价值。威廉·配第对价值的讨论是古典经济学派劳动价值论的起源。他区分了自然价格和市场价格，并认为生产商品所耗费的劳动时间决定商品的价值。亚当·斯密在威廉·配第较简单的价值概念的基础上，建立了较为完善的劳动价值体系。他认为可以从价值中剥离出两个价值尺度——使用价值和交换价值，使用价值代表着特定事物的效用，交换价值代表着占有某物而取得的对其他货物的购买力。而用来衡量一切商品交换价值的真实尺度就是劳动。但是，亚当·斯密的劳动价值论并不彻底，在分析资本主义社会商品价值时，他认为工资、利润、地租也同时决定了一个商品的价值。亚当·斯密之后，大卫·李嘉图继承他的劳动价值论，认为价值由耗费的劳动决定，而不是由购买的劳动决定。同时，他也对亚当·斯密后期的多要素价值论进行了批判。李嘉图发现，劳动价值论是一把理解资本主义生产关系的钥匙。此时，古典的劳动价值论体系在李嘉图手中得到完成。19世纪中叶，马克思将李嘉图的劳动价值论发挥到极致，建立了科学的劳动价值论，同时还通过建立剩余价值理论解决了李嘉图的劳动价值论所未能解决的难题。科学的劳动价值论认为，具体劳动创造商品的使用价值，抽象劳动创造商品的交换价值，故价值是凝结于商品中的人类抽象劳动。

②效用价值论

效用价值论认为效用决定商品价值，没有用的东西没有价值。英国经济学家N. 巴本是最早提出效用价值观点的学者，他认为一切物品的价值都来源于它们的效用。巴本只是简单表述了效用价值的观点，而开创效用价值论的是法国经济学家孔迪亚克。他用经济学理论完善并创建了效用价值论，他认为价值源于物品的效用和稀缺性，效用决定价值的内容，而稀缺性决定价值的大小。戈森在效用价值论的基础上，提出了戈森定律，开创了边际效用价值论，他认为价值是由物品所提供的享乐量来决定，并随物品数量的增加而减少。戈森提出了人类需求满足的三条定律，后被称为戈森定律，该定律是后世的边际效用价值论的理论基础。19世纪70年代之后，边际效用价值论分化为两个流派，一个是以门格尔和庞巴维克为代表的心理学派，另一个是以杰文斯为代表的数理学派，这两个学派的不同之处在于用来拓展边际效用价值论的交叉学科不同。心理学派将心理学和经济学相结合，认为价值并不取决于生产商品所耗费的社会必要劳动时间，而取决于消费者主观上感觉到的边际效用，即物品的效用和稀缺性。数理学派则将数学方法与经济学相结合，认为价值取决于最后效用程度。

③均衡价值论

均衡价值论综合了劳动价值论与效用价值论，认为价值是由商品的供需共同决定的。理论界一致认为马歇尔是均衡价值论的开创者。

他从市场角度出发，认为边际效用决定了需求价格，边际成本则决定了供给价格，两个价格的交点便是均衡价格，即商品的价值。之后，萨缪尔森在马歇尔的均衡价值论基础上，将供求论、效用论、生产费用论、基数论、序数论、边际成本论、均衡论等融入自己的经济学体系，进一步将微观经济学与宏观经济学联系起来，完善了均衡价值论体系。同时，萨缪尔森所著的《经济学》也成为现代经济学的重要教材，其所信奉的均衡价值论也成为当代经济学界的主流价值理论之一。具体见表2-1。

表 2-1 当代经济学界的主流价值理论

时间	流派	代表人物	价值定义
1662 年	劳动价值论	威廉·配第	价值取决于生产商品所耗费的劳动时间
1776 年		亚当·斯密	价值分为使用价值和交换价值
1817 年		大卫·李嘉图	价值由耗费的劳动决定，而不是由购买的劳动决定
1867 年		马克思	价值就是凝结在商品中的人类抽象劳动
1698 年	效用价值论	N. 巴本	价值来源于效用
1778 年		孔迪亚克	价值源于效用，效用是消费者基于商品消费所获得的满足感而赋予商品的主观属性
1854 年		戈森	价值由物品提供的享乐量决定，随物品数量增加而减少
1888 年		庞巴维克	价值取决于消费者主观上感觉到的边际效用
1871 年		杰文斯	价值取决于最后效用程度
1890 年	均衡价值论	马歇尔	价值取决于市场的供需关系
1948 年		萨缪尔森	价值取决于市场的供求关系

（2）价值的管理学内涵

管理学对价值概念的界定主要包括企业价值和顾客价值。

①企业价值

在管理学领域，最早对企业价值概念进行界定的是财务学。为了适应资本市场的发展，以及科学、合理地评价企业价值，财务学对企业价值的研究形成了三种主要理论：股东财富最大化理论、公司价值最大化理论和利益相关者理论。

股东财富最大化理论基于委托代理理论，认为股东是企业的所有者，因此企业经营的目标是为股东创造财富，企业价值即是作为企业所有者的股东的价值。企业价值最大化理论基于契约理论，认为除股东之外，企业还存在大量的利益相关者，企业价值应是企业的市场价值或企业预期未来现金流量的现值。企业价值最大化只有在公司的盈利和风险达到最佳状态时才能实现，强调企业的长期可持续发展能力。利益相关者理论从企业的利益相关者出发，认为企业是由多个利益相关者组成的，企业的目标应是利益相关者价值最大化。

股东财富最大化理论和利益相关者理论是从企业相关者角度衡量企业价值。企业生产经营的最主要目的是通过获取的生产资料产生利润，直接的结果是为股东带来财富。而利益相关者理论将视角扩大到所有要素投入者，如债权人、企业员工等，考量企业能够为利益相关者带来的利益。企业价值最大化理论虽然也从利益相关者角度出发，但其并未直接衡量利益相关者的利益，而是从企业自身出发，通过评估企业的市场价值或预期未来现金流量的现值来评价企业长期的获利和风险平衡能力，从而保障利益相关者的利益。股东财富最大化理论仅从股东角度出发衡量企业价值，忽略了企业其他利益相关者，但最易于计量。利益相关者理论所考虑的利益相关者众多，而不同利益团体之间存在大量的矛盾和冲突，容易使决策失去目标。企业价值最大化理论综合考虑了利益相关者、风险和报酬，以及企业的长期发展能力，但难于计量。本书更倾向于企业价值最大化理论，从企业自身角度考量企业价值增值的能力。

②顾客价值

顾客价值是指顾客愿意为企业产品效用所付出的代价。20 世纪 60年代，最早提出顾客价值概念的是管理学大师 Drucker。他认为企业的目标是创造顾客，企业通过生产满足顾客需求、符合顾客价值的产品来创造顾客，从而提升企业的竞争能力。此后的学者从各个方面提出了顾客价值的理论。其一是顾客感知。Zeithaml（1988）从顾客感知的角度提出了顾客感知价值（CPV）概念，他认为该价值是顾客在权衡所能感知到的利益与其在获取产品或服务时所付出的成本后，对产品或服务的效用做出的总体评价。1994 年，Kotler 提出了顾客让渡价值（CDV）概念，他认为该价值是总顾客价值与总顾客成本之差。在这一概念的基础上，Kotler（1999）进一步提出了总顾客价值包括产品价值、服务价值、人员价值、形象价值，而总顾客成本则包括货币成本、时间成本、体力成本、精力成本。Anderson 和 Narus（1998）发展了 Kotler 的顾客价值理论，并将竞争对手引入顾客价值的考虑范围之内。他们认为，顾客价值是顾客从购买的产品中获得价值与所要付出的所有成本的净利益，当顾客从本企业的产品中获得的净利益比从竞争企业的产品中获得的净利益大的时候，顾客就会购买本企业的产品并从中获得满意。Woodruff（1997）认为，顾客价值是顾客在一定的使用环境中对产品的性能、属性的表现以及使用效果达成（或阻碍）其购买意图的感知偏好和评价。Oliver（1998）认为，价值就是顾客为了达成某种目的而获取特定产品的愿望。其二是顾客效用。Reidenbach 和 Robin（1995）认为，顾客的价值可以用顾客的效用（或者收益）和为了获得这个效用所付出价格的比来表示，即价值 = 效用/价格。Heskett 等（1997）建立了顾客价值等式，即顾客价值 = （为顾客创造的服务效用 + 服务过程质量)/(服务的价格 + 获得服务的成本）。Gronroos（1996）提出了关系价值概念，同时将顾客感知价值分为长期与短期，并用不同的公式来计算顾客感知价值。短期的顾客感知价值 = （核心产品 + 附加服务)/(价格 + 关系成本）。Sheth 等（1991）认为，产品给顾客提供了五种价值，即功能价值、社会价值、情感价值、认识价值和情境价值。Burn（1993）提出，顾客价值分为以下四种价值形式：产品价值、使用价值、拥有价值以及顾客在评价过程中形成的总的评价价值。顾客价值的代表理论如表 2 - 2 所示。

表 2 - 2　顾客价值的代表理论

时间	代表人物	价值概念
1965 年	Peter F. Drucker	企业的目标便是创造顾客，依靠生产满足顾客需求、符合顾客价值的产品来创造顾客
1988 年	Valarie A. Zeithaml	顾客感知价值（CPV）就是顾客在权衡所能感知到的利益与其在获取产品或服务时所付出的成本后，对产品或服务效用的总体评价
1991 年	Jagdish N. Sheth 等	产品给顾客提供了五种价值，即功能价值、社会价值、情感价值、认识价值和情境价值
1993 年	Janice M. Burn	顾客价值分为以下四种价值形式：产品价值、使用价值、拥有价值以及顾客在评价过程中形成的总的评价价值
1994 年	Philip Kotler	顾客让渡价值（CDV）是指总顾客价值与总顾客成本之差
1995 年	R. Eric Reidenbach、Donald P. Robin	顾客的价值可以用顾客的效用（或者收益）和为了获得这个效用所付出价格的比来表示，即价值 = 效用/价格
1996 年	Ravald A. Gronroos	短期的顾客感知价值 =（核心产品 + 附加服务）/（价格 + 关系成本）
1997 年	James L. Heskett 等	顾客价值 =（为顾客创造的服务效用 + 服务过程质量）/（服务的价格 + 获得服务的成本）
1997 年	Robert B. Woodruff	顾客价值是顾客在一定的使用环境中对产品的性能、属性的表现以及使用效果达成（或阻碍）其购买意图的感知偏好和评价
1998 年	Jams C. Anderson、Jams A. Narus	顾客价值是顾客从购买的产品中获得价值与所要付出的所有成本的净利益，当顾客从本企业的产品中获得的净利益比从竞争企业的产品中获得的净利益大的时候，顾客就会购买本企业的产品并从中获得满意
1998 年	Richard L. Oliver	价值就是顾客为了达成某种目的而获取特定产品的愿望

二　价值创造概念的界定

经济学中的价值概念是指商品的价值。随着社会生产力和经济的发展，经济学家从不同角度对决定商品价值的因素进行了研究。经济学对价值概念和价值决定因素的研究，延伸到企业管理领域，形成了管理学中的价值概念。无论是效用价值论还是均衡价值论，其对管理学中的价值概念的影响可见一斑。管理学虽然将企业价值概念划分为企业价值和顾客价值两个不同的方面。但两者之间存在显著区别。顾客价值取决于顾客对企业产品的认可程度和愿意为之付出的代价，是企业价值实现的起点。企业的生产经营只有首先实现顾客价值，才有可能实现企业价值。企业价值是顾客价值的结果。本书要研究的是管理会计在企业价值创造中的作用，是对企业价值创造过程及其结果的研究。因此，本书对企业价值创造的界定是以实现顾客价值为出发点，最终实现企业价值最大化的一系列企业创造价值的活动。平衡企业的收益和风险，能够使企业获得长期竞争优势和可持续发展能力。

三　管理会计内涵及其工具方法

1. 管理会计产生的历史

管理会计产生的历史主要经历了四个阶段：萌芽阶段、成本核算阶段、现代管理会计阶段和后现代管理会计阶段。管理会计的萌芽产生于 20 世纪初期，受泰勒科学管理理论的影响，传统的企业会计在管理方面的运用开始显现，以经营管理为目的的管理会计在企业会计的基础上孕育而生。而在资本主义经济发展初期，企业规模的不断扩大和企业的盲目冒进带来了生产资源的大量浪费，企业家开始意识到成本核算和节约的重要性，管理会计开始向着以成本核算和控制为主的方向发展，出现了以成本核算和控制为目的的"标准成本会计"，它是早期管理会计的重要特征。由于资本主义企业经营范围的不断扩大和跨国公司的大量涌现，企业生产经营日趋复杂，瞬息万变的市场环境致使企业竞争日益激烈。此时，管理会计从传统的会计系统中分离出来，形成了与财务会计并列，且着重为企业改善经营管理和提高经济效益而服务的信息系统，并从执行性管理会计向决策性管理会计转变，管理会计进入了现代管理会计阶段。而使管理会计迎来重大发展的是 20 世纪末，美国哈佛商学院教授罗伯特·卡普兰（Robert S. Kaplan）与戴维·诺顿（David P. Norton）提出的平衡计分卡，它使管理会计的内涵和外延得到了进一步丰富和扩展，管理会计开始走向综合运用企业财务与非财务信息，为企业经营规划、控制、考核和决策支持等方面提供信息的阶段，形成了提高企业价值创造的信息系统，管理会计步入了后现代管理会计阶段。

从管理会计产生和发展的历史中可以看出，管理会计产生于企业管理的需求，以促进企业的价值创造为目标。

2. 管理会计内涵的界定

从管理会计的产生来看，管理会计是从会计系统中分离出来，与财务会计并列，以促进企业价值创造和提高经济效益为目标的一个企业会计分支。而世界上不同的管理会计师协会对管理会计内涵的界定不完全相同。美国管理会计师协会（IMA）将管理会计界定为，通过持续的改进，运用规划、设计、计量和管理组织的财务与非财务信息，帮助管理组织行为以及支持、激励和创造企业价值。国际会计师联合会（IFAC）对管理会计的界定再次强调了其价值创造性，认为管理会计是有效利用和整合企业各项资源，包括非财务资源，为股东、顾客和其他利益相关者创造价值。皇家特许管理会计师公会（CIMA）和美国注册会计师协会（AICPA）也同样强调了管理会计的价值创造性，将管理会计阐述为可以帮助组织管理者决策、创造组织价值的信息系统。我国财政部在《关于推进管理会计体系建设的指导意见》中将管理会计界定为，服务于单位（包括企业和行政事业单位）内部管理需要，通过利用相关信息有机融合财务与业务活动，在单位规划、决策、控制和评价等方面发挥重要作用的管理活动；并指出，全面推进管理会计体系建设，是建立现代财政制度、推进国家治理体系和治理能力现代化的重要举措，是激发管理活力、增强企业价值创造能力的重要手段。

从上述对管理会计的界定中可以看出，作为连接企业财务与非财务信息的管理会计，其本质特征以促进企业价值创造为目标，是运用管理会计工具方法，服务于企业内部管理需求，帮助企业进行规划、决策、控制和评价等的管理活动。因此，本书将管理会计界定为，以促进企业价值创造为核心目标，运用财务与非财务数据，通过各种管理会计工具方法为内部管理提供所需的规划、决策、控制和评价信息的管理方法。

3. 管理会计工具

2016 年，财政部发布的《管理会计基本指引》将管理会计工具方法划分为战略管理、预算管理、成本管理、营运管理、投融资管理、绩效管理、风险管理 7 个领域，共 26 种管理会计工具方法，具体包括：战略地图、价值链管理、滚动预算、零基预算、弹性预算、作业预算、全面预算、目标成本法、标准成本法、变动成本法、作业成本法、生命周期成本法、本量利分析、敏感性分析、边际分析、多维度盈利能力分析、标杆管理、全面质量管理、贴现现金流法、项目管理、资本成本分析、关键绩效指标法、经济增加值法、平衡计分卡、风险矩阵、风险清单等。

四　企业的界定

我国古汉语中没有"企业"一词，现代汉语中的"企业"一词来自日语，而日语中的"企业"一词产生于对英语"enterprise"的直译，原意为企图冒险从事某项事业，日语译为"企业"（范键、王建文，2005）。

企业的概念产生于经济学。新古典经济学认为，企业是追求利润最大化的生产单位，但是并没有对企业进行明确的定义。科斯在《企业的本质》一书中明确提出了企业是什么，以及企业为什么存在。科斯认为，企业是以权威为特点的合约组合，它的功能是配置资源，其存在的合理性在于通过其对资源的配置能够使交易费用得到节省。从而形成了以科斯为首的交易费用经济学派。张五常（1996）对科斯的理论进行了发展，认为企业是一种市场制度，是用劳动市场代替了中间产品市场。杨小凯和黄有光（2000）又做了进一步的发展，认为企业中的剩余所有权使企业家卷入其中，从而避免了过高的交易费用。Alchian 和 Demsetz（1972）的观点不同于科斯，他们认为企业的实质是对团队生产的采用，团队生产会诱导出一种合约形式，而这种合约形式形成了企业。Grossman 和 Hart（1986）以"不完全合约理论"为基础，认为企业是一组合约的联结，而不是物质财产的简单聚集。谢德仁（2001）认为，企业是要素使用权交易合约的履行过程；罗跃龙（2006）认为，"企业是一个以连续追求财富积累为目的，由不同要素所有者组成，完全实行纵向专业化分工的合作性组织"。经济学家试图通过对企业本质和起源的研究来对"企业"进行定义，但是迄今为止，经济学界对企业的概念尚未形成一致的观点。虽然经济学家在定义"企业"时的出发点不同，但他们都不否认企业存在的一个原因是组织剩余。

企业存在于社会生活之中，作为法律关系的主体或客体，总是存在于一定的法律框架之下。在我国，法学界对企业的定义基本达成了一致，认为企业"是指依法成立并具备一定的组织形式，以营利为目的的独立从事商业生产经营活动和商业服务活动的经济组织"。企业具有如下特点：在形式上，企业表现为一种组织体；在社会功能上，企业是独立地从事生产经营活动或服务性业务的组织，区别于行政机构、事业单位、社会团体等组织；在设立目的上，企业以营利性为目的；企业必须依法成立并具备一定的法律形式。

除了经济学和法学上对"企业"的解释之外，各类词典中对"企业"的解释不尽相同。《辞海》中将企业定义为"从事商品和劳务的生产经营、独立核算的经济组织"；《现代经济词典》对企业的定义是："企业又称'厂商'，是从事商品生产、流通和服务性活动的经济组织。"《财经大辞典》对企业的解释是："企业是指从事商品生产、流通和服务性活动并进行独立核算的经济组织。"这些概念指出了企业的生产性。

本书认为"企业"应该是指独立从事生产经营活动和服务活动的、以营利为目的的经济组织，与法学上的"企业"概念一致。本书所指的企业包括制造业企业和非制造业企业，制造业企业和非制造业企业的价值链和价值网络没有本质区别，而且管理会计工具在制造业企业和非制造业企业均可应用。从本书的研究视角出发，制造业企业和非制造业企业在价值创造影响因素和管理会计工具应用上没有本质区别。

第二节　企业价值创造的相关理论

一　企业价值理论

价值理论是关于社会事物之间价值关系的运动与变化规律的科学。它是经济学和社会规律研究的基石。价值理论经过漫长的演变与发展，最终形成了三大理论体系：马克思主义价值理论体系、新古典均衡价值理论体系和斯拉法价格理论体系。

马克思主义价值理论体系和斯拉法价格理论体系属于劳动价值论流派。马克思的劳动价值论从人与人之间的关系角度，阐述了价值形成的根源。斯拉法价格理论体系对古典劳动价值论和马克思劳动价值论进行了批判和继承，用生产劳动力的生活资料代替劳动力，研究决定商品价格的体系，提出了商品价格决定方程组和标准商品体系，用以解释商品价格体系的形成。但斯拉法将商品及其组合的价值还原为劳动量，与马克思的劳动价值论逻辑相背离，而且将一切价格统统折算成劳动量，也无法解释剩余工资的存在。新古典均衡价值理论与劳动价值论不同，其从供求角度分析商品价值的决定因素，形成了效用价值论流派和均衡价值论流派。总体来说，效用价值论从消费者角度出发，均衡价值论从市场角度出发研究商品价值。

经济学对商品价值的研究从抽象的劳动到具体的生产要素投入，再到供求关系及市场在商品价值形成中的作用，其对价值的研究不断细化，为管理学对于价值的研究奠定了基础，是管理学中企业价值概念的基石。管理学研究的中心从始至终都是如何提高企业价值以及促进企业竞争力的提高。

二 价值管理理论

价值管理理论也称基于价值的管理理论，是一种基于价值的企业管理方法。不同企业价值观对企业价值的理解不同，形成了多种企业价值概念和管理理论。20 世纪 80 年代中期前，价值管理大多只关注财务因素。1994 年，James M. McTaggart 在《价值命令》一书中正式提出价值管理（Managing for Value）概念之后，价值管理原则逐渐扩展到企业内部运营管理、业绩衡量指标设计、价值驱动因素识别、价值管理模型设计和战略评估等领域，现代意义的价值管理理论逐渐形成和发展起来。

在管理学界，对价值管理的概念并没有形成统一的认识，不同管理学者对价值管理概念的界定不同。总体来说，不同管理学者可以分为结果学派、过程学派和过程与结果学派。结果学派认为，企业价值管理的出发点是为股东创造长期价值，企业价值管理即如何实现股东财富最大化，Marsh 和 Ronte 是这种观点的主要支持者，其受到股东财富最大化理论的深刻影响。过程学派强调企业价值形成的过程，认为企业价值管理是一系列以价值为基础的管理活动，重视价值驱动因素、价值管理模式等在企业价值创造过程中的作用，代表人物为 Boulos、Haspeslagh 和 Noda。过程与结果学派综合了以上两种观点，认为价值管理是以实现股东财富最大化为引导的一系列提高企业价值创造能力的管理活动和方法，代表人物为 Amold。综合以上观点，价值管理理论是一个综合价值创造、管理和衡量的理论，它是以实现企业或股东财富最大化为终极目标，以企业使命、治理、文化、沟通和组织形态等为手段的一系列管理活动和方法，其内容包括：内部目标选择、战略与增值设计、具体价值驱动因素识别、行动计划与价值评估和持续改进等环节。

三 价值链理论

1985 年，哈佛大学商学院教授迈克尔·波特提出了价值链理论。波特认为"每一个企业都是在设计、生产、销售、发送和辅助其产品的过程中进行种种活动的集合体，所有这些活动可以用一个价值链来表明"。价值链最初的概念表现为以链条式集成并环环相扣的价值创造活动。同时波特强调，并不是企业的每个活动都可以创造价值，只有那些特定的"战略环节"才能真正创造价值。此后，随着全球化进程加快、企业竞争激烈，英国学者海恩斯将接受产品的顾客和提供原料的供应商融入价值链条中，将波特提出的价值链定义为"集成物料价值的运输线"，他基于产业总体的成长情况对价值链进行了重新界定，成为新价值链理论的主要代表人物。随着信息技术的广泛应用，1995 年，Jefferey F. Rayport 和 John J. Sviokla 提出了"虚拟价值链"的观点，他们认为企业在市场进行的采购、生产和销售是有形价值链，而在整个市场空间对信息的收集、处理和分配是虚拟价值链。跨国公司的大量涌现，使世界经济转变为带有命运共同体色彩的模式，全球价值链理论应运而生。

价值链是指企业相互链接的、既相互不同又相互联系的各种创造价值的活动，即价值增值活动。价值链管理的目的就是增加增值活动，减少非增值活动，同时带来企业整体价值的提升。价值链包括内部价值链、纵向价值链和横向价值链。内部价值链是从企业内部视角考察企业价值增值活动，波特的价值链理论将企业内部价值链划分为基础活动和辅助活动两个方面。基础活动包括进货、生产、营销、销售等形成价值的基础性活动，辅助活动包括基础设施、采购、人力、财务等支持性活动。从价值形成的主要过程来看，内部价值链包括研发、设计、生产、销售、营销和售后等主要活动。内部价值链分析是按产品价值形成的过程，对每一价值创造活动中的增值作业和非增值作业进行分析，其目的是最大限度地增加价值和降低成本，集中优势资源于价值增值的节点，消除非增值作业，严格控制成本。纵向价值链是指企业在其产业价值链中与上下游企业之间的价值增值活动。纵向价值链将企业看作产业价值链中的一环，通过与供应商、分销商之间的合作，保障采购与分销的顺利进行。纵向价值链分析的目的是使企业在产业价值链中具有一定的产业优势，降低交易费用。横向价值链是指企业与同行业其他企业之间的价值增值关系。横向价值链分析的目的是通过比较同行业竞争者在价值创造过程中的优势，缩小行业差距，获得竞争优势。全球价值链是将企业看作全球产业分工中的一个环节，通过全球空间配置，实现企业的价值增值。而价值链理论的核心就是从企业内部价值形成过程和外部各种影响企业价值创造因素入手，分析如何增加增值活动，从而实现企业价值创造能力和竞争优势的提升。

四　价值网络理论

1. 价值网络理论的产生

20 世纪 80 年代以来，经济全球化为价值网的形成营造了良好的市场环境，信息技术及电子商务的普遍应用是价值网形成的技术基础，组织理论的完善发展推进了价值网络范式的形成，竞争与合作思想为其提供了优良的经营理念。而信息经济时代市场化竞争的加剧，高度复杂且具有较多不确定性因素的外部环境，使企业的经营管理难以维持，使网络状组织结构的产生成为必然。更多影响企业价值创造的因素被融入传统价值链的各个环节，与利益相关者建立稳定且符合经营目标的关系变得越来越复杂，不断深化的网络化模式使价值链拓扑为价值网。除此之外，优劣势资源共享、知识学习与创新、企业竞争优势构建、网络协同效应和超额利润的获取也在企业内部推动了价值网的发展。以网状结构为特征的价值网不仅涵盖了上游供应链、企业内部价值链和基于顾客需求的外部价值链，而且在资源共享、知识创新、产品服务、信息技术等诸多方面实现了网络化集成。

1998 年，著名管理学者 Adrian Slywotzky 在其著作《利润区》中首次提出了价值网的概念，认为在网络经济时代，企业的价值链条相互关联，从而形成了价值网络。美国学者大卫·波维特对价值网的概念进行了深入阐述，他在《价值网》一书中指出，价值网是一种新出现的业务模式，它将顾客富有个性化的要求与高效率、低成本且能快速响应市场的生产制造联结在一起，用数字信息敏捷地进行产品配送，不仅绕开了会产生高昂交易费用的分销渠道，而且与上游供应商联合协作、共同制定问题解决方案，将组织运营设计提升到战略水平，使企业能够紧跟不断变化的发展趋势。

2. 价值网络理论的核心

价值网络理论认为，激烈的市场竞争、国际互联网的出现以及多样化的顾客需求迫使企业持续调整自身的生产经营行为，以适应其赖以生存和发展的外部环境。单向链式的价值链理论已经不再能满足企业发展的需要，企业要想在网络经济中获得竞争优势，就必须充分利用自身所处的价值网络实现价值的增值。顾客是企业价值创造的核心，企业应以顾客需求为导向，以创造顾客价值为目标。顾客不仅仅是产品和服务的接受者，更是企业提升价值创造能力的重要源泉。同时，企业与供应商、员工、顾客、竞争对手、合作伙伴和股东等众多相关者之间的关系，以及组织运营进程中的协调与合作、内外部资源的优化与共享、信息技术和电子商务的应用、信息处理能力、价值传导的时间、价值增值节点的精准识别、对市场环境变化的快速响应、价值网络的交互式思维等对企业价值创造能力会起到关键作用。

3. 价值网络与价值链的区别

价值网络与价值链的区别来自价值网络本身所具有的特点。从价值网络的本质来看，价值网络是由所有成员共同合作、集成核心资源并经由相互关联的数字化网络形成的价值创造模式，而价值链是通过各个环节的分解与整合构建企业的核心竞争优势以实现利润最大化。价值网络与价值链的区别具体如下。

（1）核心导向与价值创造模式不同

企业的价值创造活动分为研发设计、采购管理、生产经营、销售、产品配送和售后服务，其中，提供高质量的产品和令顾客满意的优质服务是价值链的核心导向，但享受服务、使用企业产品的顾客在价值链中一直处于被动接受的地位，这不利于企业价值创造能力的培育。而价值网络以顾客为核心导向，首先，网络化结构使企业获取顾客信息更加便捷；其次，能够敏锐捕捉顾客需求的企业可以在更大程度上促进产品的良性生产；最后，有效提高顾客购买率并赢得较高的顾客忠诚度使企业在更大范围内创造价值。价值链与价值网络核心导向的不同决定了价值链的价值创造模式为产品推动，而价值网络的价值创造模式为顾客需求拉动。根据顾客要求进行产品设计，有利于降低企业的制造成本，规避由于返工、维修、多余生产等工作产生的浪费。

（2）关注焦点与战略目标不同

基于产品、上下游产业的价值链关注供应、生产、销售等环节，将顾客视为接受企业产品及服务的营销对象，价值传递的机制以生产资料等有形资产的流通为主，主张价值链上的每一项活动都会对企业最后能够实现的价值施加影响，其战略目标是降低企业产品生产成本，通过分解价值活动实现差异化的竞争优势。以顾客为中心的价值网络关注与企业存在联系的所有利益相关者，将顾客视为产业成长进步的一部分，价值传递的机制以技术、信息、知识的习得与共享为主，不仅强调价值链条上的活动会影响价值，而且将其进行系统的整合与重构以期最大限度地创造企业价值，聚焦于实现顾客利益最大化并强调维护与其他行业伙伴的合作关系，其战略目标是通过创新使每一名价值网络成员都具备价值增值的能力，最终为整个产业创造更大的价值。

（3）思维模式与资源处理效果不同

价值链的线性思维模式使组织对价值创造的分析局限于单个企业竞争优势的获取，企业在与上游供应商及下游分销商开展联合业务的过程中仅仅将供应商看作与其存在供求关系的交易对象，只在组织内部强调资源整合与配置效率的提高以增强自身竞争能力，这在某种程度上忽视了不同环节相互作用产生的价值增值。而价值网络指出，企业间的关系不只有竞争，协调与合作能为企业发展带来更多的机会，对其适应快速变化的行业环境至关重要。与此同时，价值网络中的交互式思维认为，利益相关者间的关系应趋于多维度、网络化的发展，在组织内外部重视资源优化与共享，这里的资源既包括资金、机器设备、厂房等有形资源，也包括信息、技术、品牌文化等无形资源，资源共享能够达到"1 + 1 > 2"的效果，是企业实现价值创造的有效路径。价值链与价值网络的区别如表2 - 3所示。

表 2 - 3　价值链与价值网络的区别

项目	价值链	价值网络
核心导向	产品、服务	顾客
思维模式	线性思维	交互式思维
所处环境	静态	动态
经营特点	单一机制	协调机制
资源处理	整合、配置	优化、共享
目标	低成本、差异化	创新
价值创造模式	产品推动	顾客需求拉动
关联关系	竞争者	利益相关者
应用范围	狭窄	宽泛

五　学习型组织理论

美国学者佛瑞斯特最早提出了学习型组织的构想，他认为组织应该是扁平化的、信息化的，并且具有开放的结构，其形态应该是合作性的伙伴关系，而不是从属关系，学习型组织应该不断学习进步、不断重新协调关系结构。将学习型组织推向成熟的是彼得·圣吉，他于1990年出版了《第五项修炼：学习型组织的艺术与实践》，为学习型组织理论的完善奠定了坚实的基础。

学习型组织理论是一种企业组织理论，学习型组织兼具有机性、高度柔性、扁平化、持续学习与发展成长等特征。企业通过自我进步实现超越、打破思维定式以更好地习惯认识事物、与员工建立共同的期待与愿望、在组织内部开展团体学习、基于企业整体进行系统思考可以成为学习型组织。具备学习型组织特点的企业能够促进个人创新能力的培育，推动企业的管理变革，最终助力企业的价值增值。

具体来看，自我进步与超越包括建立希望与目标、看清现状、实现愿景三个部分。组织中的所有成员都应该看清当前现状与未来愿望之间的差距，唯有如此才会产生将愿景转变为现实的强劲力量，这种力量被视为一种创造性张力，可以帮助企业主动地改变现状以实现愿景。深植人们心中的、对外界事物的认识也叫"心智模式"，它反映了人们的思想观念、思维方式与心理素质，不同的成长环境、教育经历、生活习惯都会影响一个人的心智模式，人们对自己、他人、周围事物的认知并不总是完美的，需要不断地学习并获取相关知识来弥补受到思维定式影响的心智模式的缺陷。与员工建立共同的期待与愿望简称为"共同愿景"，它是指经过组织中的成员彼此沟通进而形成的企业与员工一致追求的愿景，它为组织成员的学习营造了一个良好的氛围，而且具备共同愿景的企业往往拥有较强的凝聚力，这种力量会推动企业稳步向前发展。在组织内部开展团体学习是指团体中的成员深度交流与讨论的过程，"头脑风暴"产生的正向影响能够使团体智商超过所有成员智商的叠加，是企业提高竞争实力的重要基础。系统思考是基于系统的角度去思考问题、解决问题，从整体出发来分析问题背后的深层原因，企业只有通过不断学习才能逐渐形成这种能力。

六 竞争优势理论

1990 年，迈克尔·波特教授提出了国家竞争优势理论，他认为企业获取生产力发展水平竞争优势与否在于一个国家是否具有竞争优势，生产效率的提高、优势产业的建立、企业创新机制的完善是国家在国际市场上取得竞争优势的关键。一个拥有竞争优势的企业清楚地知道在生产流程的哪个环节可以进行成本节约、在运营管理的哪个步骤优化方案、在质量监管的哪道程序实施控制，因此它总能在价值创造方面比竞争对手做出更快的决策。

国际竞争优势理论包括四种基本决定因素和两种外部辅助力量。四种基本决定因素包括人力、物质和无形资产资源等生产要素，以及因需求结构不同导致的各式各样的需求条件，因利益关系的存在而发展起来的相关支持性产业，因企业目标和组织方式的不同而制定的企业战略结构，以上这些因素决定了国家竞争优势的强弱以及国家竞争地位的变化。除此之外，作为两种外部辅助力量的政府和随时都有可能发生的偶然事件也对竞争优势影响深远。

波特的竞争优势理论认为，企业拥有的生产要素可以按等级进行划分。基本要素具有资源禀赋性质，不需要较多的投入便可对某些企业的建立产生重大影响，如地理条件、自然资源等，但其在竞争中的作用不明显。那些需要长期投入才能得到的要素级别较高，它们大部分不易获得并且需要经过长期的培育才能创造出来，但比一般要素更具竞争优势（陈秀山、徐瑛，2003）。需求条件主要指消费者在国内市场上对企业产品和服务的需求，当某一特定产业的国内需求信号明显、市场情况可观时，它就比国外竞争者更有可能获得竞争优势（庄晋财、陈剑林，2004）。此外，一个国家是否具备国际竞争力和相关支持性产业也是能否获得持续竞争优势的关键，那些与企业共用技术、共享资源的相关产业和与企业有合作关系的上下游产业在这一过程中所发挥的作用不容小觑。企业战略结构主要涉及企业建立、组织、经营管理的环境和国内竞争的性质，由于不同国家的文化差异，其设立的管理体系不同，使得公司在目标、激励机制、战略制定和组织方式上都有所差异，而企业的竞争优势正是来源于对它们进行的选择和搭配。同时，波特指出政府能在创造国际竞争优势的过程中发挥作用，政府是企业获得竞争优势的环境创造者。最后，波特认为机遇作为一个重要辅助变量也会对国家的竞争优势产生影响。

第三节 企业价值创造能力的相关理论

学术界对企业价值创造能力的研究存在四种观点：资源基础观、核心能力观（内部能力）、动态能力观和关系能力观。资源基础观以Moran 等（1999）的观点为代表，认为企业运用自身资源的能力使企业创造价值。Dyer 和 Singh（1998）则认为，价值创造不仅依赖于企业拥有的资源和能力，也依赖于企业和供应商、顾客等之间的网络关系。Ngo 和 O'Cass（2009）认为，价值是由企业的动态能力创造的，动态能力指通过学习、整合和重构企业内部能力以适应外部环境的变化。Winter（2003）认为，运作能力是保证企业日常业务正常运行的能力，它和动态能力共同构成企业的主要能力。

一 资源基础理论

1984 年，沃纳菲尔特（Wernerfelt）提出了关于企业资源基础理论的观点。资源论认为，企业拥有的某些资源由于难以模仿和复制，所以具有独特的能力，其既能够加速企业的内在成长，也可以帮助企业在行业市场上获得持久的竞争优势；而对于那些具有异质性的资源，其为企业创造的价值更是不可估量，因为它们在根本上决定了企业间竞争力的差异。具体而言，存在于企业内外部的所有资源都有着彼此不同的用途，正是由于这些资源的使用情况不同，企业才会据此做出各种经营决策以实现运作环节的价值增值。此外，在市场经济运作的大环境下，优势企业的特殊资源经常会被替代，所以难以复制的资源是企业击败竞争对手的关键。通过组织复杂化的经济活动，在形势不明朗时快速占据某种优势或者运用一些方式方法提高资源的模仿成本可以规避企业间的相互模仿行为，保护企业的优势资源。最后，资源基础理论也为特殊资源的获取与管理指明了方向，组织学习是企业获得知识与能力的基本途径，知识管理是企业培育资源并让其发挥作用的必要过程，建立外部网络关系是企业积累、维持独特资源的重要战略。

二　核心能力理论

核心能力理论最早由学者普拉哈拉德（C. K. Prahalad）和哈默尔（G. Hamel）于 1990 年正式提出，他们对资源基础观进行了一定程度的批判，认为企业内部资源众多，但并非所有资源都有助于企业竞争优势的形成，企业的长期持续竞争优势应该源自企业拥有的核心能力。

核心能力观认为，首先，核心能力的价值属性表现为可以提高最终产品的顾客价值，它是企业拥有的独一无二的特质，是企业发展过程中的独特产物，具有一定的路径依赖性，能够推进企业产品或服务的形成，它不仅解决了当前产品生命周期普遍缩短的问题，而且使企业向相关领域扩展；其次，企业的核心能力会随着时间的推移、环境的改变以及市场需求的更新而发生变化，因此必须对其进行重建以切合企业的战略目标的要求，核心能力的充分利用可以弥补企业多元化战略的缺陷；最后，该理论认为企业只有通过经验的积累、知识的培养和持久的学习，只有不局限部门利益、充分了解市场的需求，才能完成核心能力的建设，进而提高企业的价值创造能力。

三 动态能力理论

由于企业环境存在很多不确定因素且不断发生动态变化，能力理论发展的局限开始显现，对企业来说在某一方面形成的核心能力难以长期维持。在此背景下，Teece 等（1997）提出了动态能力的概念，这种能力可以对企业的内部能力进行整合与重构，进而使其能够快速地适应环境变化所带来的压力，并提出组织管理过程、所处位置和发展路径是探索企业动态能力框架的三个重要因素。动态能力理论认为，组织管理过程发挥的协调与整合作用，可以使企业在开展运营时创造胜任能力的差异，这一差异无法通过市场进行复制，只有经过持续的学习和反复练习、试验才能帮助企业把握环境变化带来的机遇。此外，企业应该敏锐地察觉出市场发生的细微变化，及时高效地调整企业的资产结构，了解资产运用的特点和形成过程，这对企业经营具有战略指导意义。企业能力的发展依赖于其所在的当前位置和前方的演进路径，路径依赖产生的作用会约束组织学习和知识获取的发展方向。这三个因素共同形成了企业动态能力理论的主要内容。

四 关系能力理论

关系能力是研究企业价值创造的新领域，企业在生产经营时会与外部事物产生各种各样的联系，这些联系是普遍的、经常发生的，且大多具有竞争性、风险性等特点，通常表现为一种经济关系或社会关系。企业的行业属性、自身的业务规模和文化使命都会对企业关系的构成、目标和功能产生影响。个性化的关系能力是企业经济实力的体现，反映了企业被社会认可的程度以及企业与各个利益相关者建立网络关系的能力。Zaheer 和 Bell（2005）指出，互联网的迅速发展和全球共享机制的健全使企业与外部事物的关系网络化成为现实。关系能力是企业重要的无形资源，它在降低交易成本、获取竞争优势、创造企业价值方面的影响深远。

价值链、价值网络和学习型组织理论构成了企业价值创造的空间结构，而资源基础、核心能力、动态能力和关系能力构成了企业价值创造的能力结构，两者相互交融。因此，在选取企业价值创造影响因素时，要兼顾价值创造的空间结构与能力结构，本书以空间结构为基础，综合考虑企业在价值创造过程中、在空间结构上应具备的各种能力因素。

| 第三章 |

管理会计促进企业价值创造
路径的理论分析

本章主要从理论角度分析了管理会计促进企业价值创造的路径。从理论上看，管理会计以价值创造为核心，而在实务中，管理会计是通过其工具方法的使用来促进企业的价值创造的。财政部发布的《管理会计基本指引》将管理会计工具方法划分为战略管理、预算管理、成本管理、营运管理、投融资管理、绩效管理、风险管理 7 个领域，共 26 种工具方法。这些工具方法在使用中，不同程度地提高了企业在研发、组织运营、分销、供应商管理、顾客管理、社会责任履行和学习方面的能力。

第一节 管理会计与价值创造之间的关系

一 管理会计以价值创造为核心

以满足企业内部管理需求为主要目标的管理会计最初是由成本会计发展起来的。泰勒的科学管理带动了管理会计的产生，最初表现为企业产品成本的核算；而后，随着经济业务的日益复杂化和管理方法的发展，管理会计逐渐从财务会计中分离出来，成为企业解析过去、控制现在、规划未来的重要决策工具。管理会计由成本会计和管理控制系统两部分组成，通过收集、处理（核算等）企业生产经营过程中的财务信息和非财务信息，为企业经营预测、规划、控制、决策和评价等管理活动提供所需要的相关信息。管理会计的目的是为企业经营管理提供所需的信息，而企业经营管理的最终目的是提升企业的价值创造能力，实现企业的竞争优势。因而，管理会计必然遵从这一目标，以价值创造为其终极目标和核心任务。随着生产力和信息技术的发展，以"大、智、移、云、物"为代表的信息技术加剧了企业间的竞争，人们的个性化需求使企业不得不将战略目标从利润最大化转为价值创造，对价值创造内涵的认识、探讨价值创造的影响因素对企业的生存发展具有重要的现实意义。随着财政部颁布管理会计相关指引，包括营运、投融资、预算等工具方法在内的应用成为支持企业实现价值创造的重要手段，学术界也普遍认为管理会计能够提升企业的价值创造能力。

二　管理会计通过其工具方法推动企业价值创造

管理会计的本质决定了管理会计以价值创造为核心，而管理会计对企业价值创造的作用是如何实现的，存在诸多观点。例如，诸波、李余（2017）认为，管理会计通过现金流管理、风险管理和战略管理来实现价值创造；姚远（2016）认为，管理会计通过成本管理、价值链管理、组织结构和控制激励实现价值创造目标；李锐（2019）认为，现金流管理、战略管理等有助于实现企业价值最大化。不论是现金流管理、风险管理、战略管理、组织结构还是控制激励都是管理会计工具方法。美国哈佛大学商学院著名管理学家罗伯特·卡普兰和大卫·诺顿（2017）认为，管理会计通过其预测、规划、控制、决策、评价等职能持续推进企业价值创造。可见，管理会计作为参与企业管理的一种活动，其参与企业价值创造的过程是通过其职能来实现的，管理会计通过其各项职能的实施来实现并促进企业的价值创造。

管理会计的主要职能包括预测、决策、规划、控制和评价。预测职能是指管理会计依据企业设立的战略目标和经营方针，在充分考虑内外部环境的约束与机遇的情况下，采用科学合理的方法或模型预计和推测企业未来成本、销售、盈利等变动趋势，为企业管理决策提供及时准确的信息。决策职能是在符合客观规律的前提下，通过一定程序对企业实践方向、生产原则和工作方法做出决定的过程。管理会计的决策职能主要体现在收集、整理、归纳与企业决策目标有关的信息资料，根据分析结果确定所有备选决策方案的评价指标，做出准确的财务业务评价帮助企业筛选出最优的行动方案。规划职能是通过计划执行与预算编制来实现的，基于事先选择的最终决策方案，将企业确定的经营目标逐步分解并落实到各个相关预算之中，可以高效地协调组织间供应、生产、销售等环节，配置组织内外的人、财、物等资源，最终为过程控制和绩效考评创造有利的条件。控制职能是根据预先确定的科学可行的各种标准，对执行过程中由不确定性因素导致的实际与计划的偏差进行原因分析，及时采取针对性措施进行调整，持续改进现有工作中存在的问题，使经济活动正常有序地进行。评价职能主要通过建立责任会计制度来评价与考核企业的经营业绩，在各个部门单位及成员明确各自职能的前提下，逐级考核业绩指标的完成情况，发现不足，并编制业绩报告，以便实施相应的奖惩制度，提出未来工作的改进措施。

三 管理会计应用领域及其工具方法

管理会计的五大职能涵盖多种工具方法，在实务中，管理会计通过这些工具方法的应用来实现其职能及对价值创造的作用。管理会计工具方法的设计目标即促进企业的价值创造，实现企业的竞争优势。财政部发布的《管理会计基本指引》将管理会计工具方法划分为战略管理、预算管理、成本管理、营运管理、投融资管理、绩效管理、风险管理 7 个领域，每个领域又对应多种工具方法，具体见表 3-1。

表 3-1　管理会计主要工具方法

应用领域	主要内容	管理会计工具方法
战略管理	总体战略、竞争战略、职能战略	战略地图、价值链管理
预算管理	经营预算、资本性支出预算、财务预算	滚动预算、零基预算、弹性预算、作业预算、全面预算
成本管理	成本预测、决策、计划、控制、核算、分析、考核	目标成本法、标准成本法、变动成本法、作业成本法、生命周期成本法
营运管理	形成计划、实施、检查、处理的闭环管理（PDCA 循环）	本量利分析、敏感性分析、边际分析、多维度盈利能力分析、标杆管理、全面质量管理
投融资管理	投资管理、融资管理	贴现现金流法、项目管理、约束资源优化
绩效管理	绩效评价、激励管理	关键绩效指标法、经济增加值法、平衡计分卡
风险管理	风险识别、评估、预警和应对	风险矩阵、风险清单

1. 战略管理

战略是指从企业全局出发做出的长远性战略规划。战略管理是对企业全局的、长远的发展方向、目标、任务和政策，以及资源配置做出决策和管理的过程。[①] 企业战略一般分为三个层次：总体战略、业务单位战略（竞争战略）和职能战略。战略管理的应用程序包括战略分析、战略制定、战略实施、战略评价和控制、战略调整等。战略分析常用的方法有 SWOT 分析、波特五力分析和波士顿矩阵分析方法，这些方法可以帮助企业做出正确的战略分析，以确定企业的战略定位。SWOT 分析方法是从企业内部的优势和劣势、外部的机遇和挑战四个角度入手，要求企业分别说明上述四个方面，并提出每项的应对措施，从而确定企业的战略定位。波特五力分析方法又称波特五力分析模型，这种方法从现有竞争者的竞争能力、潜在竞争者的进入能力、替代品的替代能力、供应商的讨价还价能力和购买者的讨价还价能力五个方面进行分析，从而确定企业的竞争战略。SWOT 分析方法和波

---

① 参见 2017 年 9 月财政部发布的《管理会计应用指引第 100 号——战略管理》。

特五力分析方法都是用于确定企业竞争战略的分析方法。波士顿矩阵分析方法与其不同，它是用于确定产品组合策略的一种方法。波士顿矩阵分析方法认为，决定产品结构的基本因素有两个：一个是市场，另一个是企业实力。通过这两个因素的相互作用，会出现四种不同性质的产品，形成不同的产品发展前景：一是明星类产品，是指销售增长率和市场占有率"双高"的产品群；二是瘦狗类产品，是指销售增长率和市场占有率"双低"的产品群；三是问题类产品，是指销售增长率高或市场占有率低的产品群；四是现金牛类产品，是指销售增长率低或市场占有率高的产品群。对于不同类型的产品，企业应该制定不同的策略或组合策略。战略制定包括企业愿景、使命和战略目标的制定。战略实施，是将企业战略目标转变为现实的管理过程，通过战略地图、价值链管理等方法，帮助企业制定和实现战略目标。战略评价和控制是对战略执行的控制和对效果的评价，以保证战略目标的实施。战略调整是根据战略评价反馈的信息，对战略进行修订。战略管理实际上是从战略目标制定到实施、评价，以及新战略目标制定的一个闭环的循环过程。因此，战略管理贯穿于企业生产经营的主要过程，是站在战略高度对企业进行的长远规划，对企业的生存和发展起着关键的作用。战略地图是以可视化的方法将企业各维度战略之间的因果关系绘制成图，从而帮助企业明确和落实战略。

2. 预算管理

预算管理将企业的战略目标具体化为年度预算，通过预算制定、执行和考核对企业年度目标进行规划和控制，对企业资源进行分配。常用的管理会计工具方法包括全面预算、滚动预算、作业预算、零基预算、弹性预算等。全面预算是一个比较完善的预算管理体系，内容包括经营预算、财务预算和资本性支出预算。经营预算从销售预算入手，包括成本预算、费用预算等；财务预算以财务数据为主，包括预计资产负债表、预计利润表、预计现金流量表等。滚动预算是在以前预算的基础上向后期滚动，制定新的预算。滚动预算有利于保证预算的连续性。作业预算是将作业成本法与预算管理相结合，将预算细化到每一个作业，制定作业级别预算。零基预算是指不以过去的预算为基础，而是以零为起点制定新的预算，与其相对的是增量预算，增量预算是以过去的预算为基础制定的。弹性预算中的业务量不是固定不变的，弹性预算以企业可能发生的多种业务量为基础，制定相应预算。固定预算以单一业务量为基础制定预算。相对于固定预算而言，弹性预算更符合企业不断变化的经营情况，预算制定也更加准确。零基预算、增量预算、滚动预算、弹性预算和固定预算都是确定预算具体数值的方法。

3. 成本管理

成本管理是针对企业成本的管理，以降低成本为目标。成本管理领域应用的管理会计工具方法主要包括：目标成本法、标准成本法、变动成本法、作业成本法和生命周期成本法等。目标成本法是一种有效控制项目成本的方法。目标成本法首先通过市场研究或过去产品成本情况，制定预期售价，然后减去预期利润，得到目标成本，再将目标成本分解到各个成本构成项目中，从而使总成本控制在目标成本范围内。标准成本法是一种传统的成本管理方法，产生于 20 世纪 40 年代。标准成本法通过计算直接材料成本差异、直接人工成本差异和制造费用成本差异，对材料、人工和制造费用的发生额进行控制，有利于找出成本超支的原因，是一种有效的成本控制方法。变动成本法以成本性态分析为前提，将产品成本区分为变动成本和固定成本，可以解释销售数量和利润之间的关系，也有利于进行本量利分析。作业成本法在资源和成本核算对象之间建立作业，将资源费用按资源动因分配到作业，再将作业成本或作业中心成本按照作业动因分配到成本核算对象，避免了在制造过程中将制造费用按照一个统一的分配标准分配到成本核算对象所造成的成本分配不准的问题，提高了产品成本核算的准确性，而且在作业成本法中一般将作业分为增值作业和非增值作业，通过消除或减少非增值作业可以降低企业成本，提高企业价值创造能力，因而，作业成本法既是一种准确的成本核算方法，也是一种有效的成本管理方法。生命周期成本法将企业产品的全部生命周期内的成本都计算在内，如售后的成本、产品报废的成本等，有利于产品定价、竞争力和企业战略的实现，也体现了企业的社会责任。

4. 营运管理

营运管理是指为了实现企业战略和营运目标，各级管理者通过计划、组织、指挥、协调、控制、激励等活动，实现对企业生产经营过程中的物料供应、产品生产和销售等环节的价值增值管理。① 该领域应用的管理会计工具方法主要包括本量利分析、敏感性分析、边际分析、标杆管理等。本量利分析是在成本性态分析的基础上，通过数学模型分析成本、销售量和利润之间的关系，用以预测企业盈亏平衡点或目标利润处的销量和销售额，有利于企业做出生产决策。敏感性分析是通过公式计算确定单价、销售量、单位变动成本和固定成本对利润的影响程度，有利于企业对目标利润处的单价、销售量、单位变动成本和固定成本的规划，也可以帮助企业进行长期投资决策。边际分析是分析某一因素变动对企业相关因素变动的影响程度的一种方法，通常和本量利分析、敏感性分析同时使用，可以帮助企业评价产品的获利水平，判断盈亏临界点。标杆管理是以企业内部或外部竞争对手的优秀管理方法为标杆，通过对标找到其他部门或企业存在的问题，进而缩小与标杆部门或竞争对手之间的差距，从而提高企业的管理水平。

5. 投融资管理

投融资管理是对企业的投资和融资行为进行的管理，包括投资管理和融资管理两个部分。投资管理是企业根据自身战略发展规划，

---

① 参见 2017 年 9 月财政部发布的《管理会计应用指引第 400 号——营运管理》。

将资金投入营运进行的管理；融资管理是企业对筹集的资金进行的管理。常用的管理会计工具方法有贴现现金流法、项目管理、情景分析、约束资源优化。贴现现金流法是以明确的假设为基础，选择恰当的贴现率对预期的各期现金流入、流出进行贴现；项目管理是运用专门的知识或工具方法，对各项资源进行计划、组织、协调、控制，使项目能在规定的时间、预算和质量范围内，实现或超过既定目标；约束资源优化是通过识别制约企业经营目标实现的瓶颈资源，并对相关资源进行改善和调整，以优化企业资源配置、提高资源使用效率的方法。

6. 绩效管理

绩效管理是指企业与所属单位（部门）、员工之间就绩效目标及如何实现绩效目标达成共识，并帮助和激励员工取得优异绩效，从而实现企业目标的管理过程。绩效管理的方法有关键绩效指标法、经济增加值法、平衡计分卡等。关键绩效指标法将价值创造活动与战略规划目标有效联系在一起，并据此来进行绩效管理；经济增加值是指税后净营业利润扣除全部投入资本的成本后的剩余收益；平衡计分卡则从财务、顾客、内部业务流程、学习与成长四个维度，将战略目标逐层分解为具体的、相互平衡的绩效指标体系。

7. 风险管理

风险管理是指企业为实现风险管理目标，对企业风险进行有效识别、评估、预警和应对等管理活动的过程。其工具方法有风险矩阵、风险清单。风险矩阵是按照风险发生的可能性和风险发生后果的严重程度，将风险绘制在矩阵图中，可以展示风险及其重要性等级；风险清单是企业根据自身战略、业务特点和风险管理要求，以表单形式进行风险识别、风险分析、风险应对、风险报告和沟通等管理活动的工具方法。

第二节　影响企业价值创造的主要因素

根据价值链、价值网络和学习型组织理论，影响企业价值创造的主要因素可以归为价值链因素、价值网络因素和学习能力因素。价值链因素存在于企业内部价值链上，主要包括研发能力、组织运营能力和分销能力；价值网络因素是从企业所处的外部价值网络角度分析影响企业价值创造的因素，包括供应商管理能力、顾客管理能力和社会责任履行能力；从学习型组织理论来看，企业的学习能力也是影响企业价值创造的关键因素。

一　研发能力

企业要保持竞争优势，需要具有优异的研发能力，能够快速并成功地研究新产品，以占领市场、满足顾客需求。研发能力是需求多样化经济发展下，企业获得竞争优势的关键。开发新产品、研发新技术并对采购流程进行设计与管理，对生产经营进行规划与控制都会为企业价值创造提供条件。在研发投入方面，在信息经济高速发展的今天，增加研发投入、推动技术创新、持续提升自身的研发能力是企业在市场中保持竞争优势的有力支撑。富敬垚、章雁（2019）在对我国医药行业研发投入的思考中发现，研发投入的增加离不开政府扶持、创新理念、团队精神以及产学研机构深入的合作，由此也可以看出研发设计在企业生命周期中的重要性。

Menguc 和 Auh（2010）认为，企业研发能力包括根据顾客需求设计产品与服务，产品融入了新思想、新方法、新特征，将新技术应用到新产品，适时将新产品引入市场等方面的能力。Moon 等（2013）的观点与其基本相同。2005 年，国家统计局发布了《中国企业自主创新能力分析报告》，将企业技术创新能力评价指标划分为四个方面，即技术创新资源指标、活动评价指标、产出能力指标和创新环境指标。国家发改委将企业创新能力划分为自主创新投入能力、产出能力、扩散能力和支持保障能力四个方面。国家统计局和国家发改委对企业研发能力的评价是从研发过程角度进行的，包括从投入到产出，以及支持系统等部分。相较于 Menguc 和 Auh 的观点，国家统计局和国家发改委对企业研发能力的评价标准更为全面。因此，本书也从研发过程角度出发，将企业创新能力划分为三个方面，即投入能力、产出能力和发展能力。投入能力是指企业为进行产品创新而投入的资源数量和质量，包括投入的资金和参与人员的能力，它们是企业进行产品创新的资源保障和物质基础。产出能力是指企业研发资源投入的产出效率与效果，包括产品专利的获取数量、新产品的获批数量、新产品对利润的贡献情况和新产品的研发成本。产出能力是企业研发能力的综合体现，是衡量企业产品创新能力的关键性指标，体现了企业研发转化为现实生产的能力。发展能力是指企业研发能力的可持续性和发展性，即企业未来的研发能力，包括企业自创研发机构数量和与科研机构、院校等协作构建的研发平台数量。

二 组织运营能力

组织运营能力是指企业日常运转的能力。运营能力是实现组织战略，帮助企业实现竞争优势的关键。Winter（2003）将企业能力划分为运营能力和动态能力，运营能力是保证企业日常业务正常运行的能力，是企业的核心能力。Prahalad 和 Hamel（1990）认为，企业内部知识和技能的积累是企业间效益差异的主要原因，是导致企业具有不同核心能力的关键。Hillebrand 和 Biemans（2004）从动态能力和内部运营能力的关系角度出发，认为企业高水平的内部运营能力和协调能力有助于企业获得高水平的外部整合能力，运营能力是企业动态能力的基础。Jarvenpaa 和 Staples（2000）讨论了内部运营能力和关系能力的关系，认为企业内部运营能力和关系能力相互渗透和融汇，内部运营能力是关系能力的基础，而两者的协调提高了企业的创新能力。组织运营能力是企业内部日常运作的能力，保障了企业的日常运作，其在日常运转中通过知识、技术和能力的积累为企业动态能力和关系能力的提高提供了基础，并通过与它们之间的交互作用，促进企业的价值创造。

组织运营能力关乎企业内部日常运作的能力，组织运营能力包括企业的采购能力、制造柔性、成本控制能力、质量控制能力、绩效管理能力、决策能力、组织结构、信息传递速度等。焦锦晖（2015）认为，健全成本结构、普及成本管控方式方法对于价值创造来说有明显的推动作用，能够为企业获得更多的经济效益。刘海燕（2011）指出，质量是企业的生命所在，是巩固企业核心竞争力的重要因素，如何高效管理企业产出产品的质量和生产过程中消耗的成本是依据生产经营来创造价值的企业首要解决的问题。杜垚（2019）指出，业财一体化信息系统通过信息的收集、处理和分析最终能够提升企业的信息价值，提升财务体系办公效率。信息共享能够降低人工成本和沟通成本，更好地实现价值增值。

三　分销能力

分销能力是信息化时代赋予企业的关键竞争优势要素。营销是一种创造价值，并将价值输送给顾客的行为。营销理论经历了四个阶段：早期的生产观、中期的产品观、现代的推销观，以及当代的以顾客为中心的观点。生产观认为，企业的销售取决于生产能力，生产多少就能销售多少；产品观将营销的重点放在产品上，认为高质量和有特色的产品是营销成功的关键；推销观则认为，在买方市场下，产品性能和功能的好坏已不再是影响企业产品销售的主要原因，企业需要让顾客了解产品，通过推销手段促进顾客购买；以顾客为中心的观点则认为，企业营销应该以顾客需求为中心，以满足顾客需求为出发点，并将顾客纳入企业价值的共创体系。营销理论的发展建立在经济发展基础之上，早期的生产观建立在卖方市场的基础上，因此，产品的产量和性能决定了企业的盈利能力。而后期随着经济的发展，市场由卖方市场过渡到买方市场，企业生产的产品不再能顺利出售，真正的营销管理思想开始建立，即从最初的注重营销手段，到现在的重视价值创造——以顾客价值为核心，营销管理最终回归顾客价值。企业对顾客喜好的了解程度、顾客对产品的满意程度，以及参与企业价值共创的程度，决定了企业价值能否实现。

分销能力与营销能力不同，本书的分销能力是从价值链构成角度出发，考察企业在向下游零售企业分销过程中所应具备的主要能力。企业的分销能力应包括空间上的分销网络、时间上的分销速度和分销过程的质量保证。信息化的发展为企业分销能力的发展提供了技术支持，促进了企业分销网络的扩大，也提高了企业的分销速度。拥有多种且稳定的分销商网络，并能够快速将产品分销给经销商，能够保证分销商在分销过程中对产品温度、运输方式等质量保证方面的控制是企业获得竞争优势和顾客价值的关键所在。为此，企业应该关注组织学习、智力资本、营销能力以及绩效管理方法等影响价值创造的因素。

四　供应商管理能力

从外部角度而言，企业要取得竞争优势，需要处理好企业与外部网络之间的关系。企业外部网络由两大集团构成，一是处于上游的供应商，二是处于下游的顾客。随着顾客需求的多样化和垂直结构的增强，企业与外部网络之间的关系日益密切，对价值创造的认识也逐渐突破价值链观点的束缚，沿着价值网络不断拓展。传统的价值管理理论认为，企业的供应商管理能力包括：企业从供应商处购入原料的采购成本、采购时效和稳定的供应商关系。专业化分工使企业和供应商之间的关系变得日益密切，企业越来越依靠于供应商。企业与供应商之间的关系变得更加微妙与复杂，企业不仅需要依靠稳定的供应商关系控制采购成本和运送时效，还需要将供应商纳入价值共创的网络体系中。Moller（2006）提出企业需要发展与供应商和顾客之间新的合作能力，使供应商参与到企业产品的研发、生产制造和顾客服务中，共创价值。供应商需要了解企业创造顾客价值的过程和能力，了解产品的期望效益，参与企业的价值共创。

医药制造业企业对采购的原料和设备具有更高的要求，因此，更需要具备良好的供应商管理能力，能够控制采购成本、采购时效、采购质量和建立长期稳定的供应商关系。在采购管理方面，采购管理是企业实现利润与经营目标的必备环节，也是价值增值的起点。采购成本控制和对采购原料运送时效的管控都会对价值创造产生影响。采购成本控制有利于企业将采购成本控制在合理水平，有利于企业总成本的降低和盈利能力的提高；采购时效控制可以满足企业柔性生产的需要，保证企业生产正常进行，提高企业生产效率；采购质量控制对于医药制造业企业十分重要，药品质量控制不仅需要存在于企业生产环节，还需要在采购和销售等环节严格控制质量，任何一环出现问题，都会导致药品质量问题，危害消费者的健康和生命安全。供应商管理中一个很重要的内容是管理与供应商之间的关系。传统的供应商管理认为，建立广泛的供应商网络，根据成本优势选择供应商，可以使企业获得较低的采购成本。而现代精益生产理论则认为，企业需要和供应商建立稳定和密切的关系，并将价值共创延伸到供应商，通过与供应商共享信息，促进供应商技术创新、流程改造，并深入供应商，对其生产过程进行质量监督与控制等，以提高采购材料和设备的性能、质量并降低成本，而且稳定的供应商关系可以保证采购的时效，从而实现企业与供应商之间的价值共创。当前信息化建设在组织运营中扮演着重要的角色，采购管理能否为企业创造价值也与其紧密相关。刘刚（2015）认为，与利益相关者建立优质的关系有利于降低产品和服务的交易成本，使合作双方实现资源共享和优劣势互补，进而完善价值网络的传递机制，为企业价值创造建立稳固的基础。作为企业外部价值网络重要的组成部分，供应商是企业维护关系质量的首要对象。企业选择有信用的上游供应商并与其建立长久牢固的合作关系，持续加强供应商关系的管理不仅仅能够保障上游原料的质量与产品送达企业的及时性，更有利于企业在生产经营的过程中实现成本节约和资源优化配置。医药制造业企业更需要拥有稳定的供应商网络以控制采购成本、保证药品原料质量。

五　顾客管理能力

传统的价值观认为，价值是企业通过在商品市场中的交换而创造的，因而，价值是由企业创造的。而价值合作创造流派认为，价值不是由企业创造的，企业只是为顾客提供了体验的环境；价值是由顾客创造的，企业只是把顾客提出的价值主张转变为产品，帮助价值的实现（Vargo and Lusch，2010）。北欧学派认为，顾客是价值的创造者，价值产生于企业与顾客之间的互动，企业的作用是将资源的潜在价值转换为新的使用价值，为价值的实现提供资源和使用过程。但价值是由顾客实现的，企业服务为价值创造提供了必要的基础，而创造顾客价值是企业成功的关键（Gronroos，2011）。企业需要关注和支持价值创造过程。

从对已有文献的梳理中可见，顾客管理能力应该包括：对顾客的了解程度、服务速度和服务质量等。既符合企业盈利目标又满足顾客需求的销售策略能够在很大程度上提高企业的价值创造能力。企业在做出销售决策时需要对市场环境准确预测，完善企业可以利用的分销渠道、精心设计营销流程；除此之外，在企业内部培训相关营销人才以提高其专业能力，使销售人员和顾客保持良好的关系；与此同时，实施绩效管理，督促销售人员完成关键业绩指标。良好的品牌形象是企业个性特征的反映，是企业向社会传达经营理念、企业文化的信息纽带，是让消费者感受到产品特色的重要桥梁。树立怎样的品牌形象和价值观念直接决定着企业是否精准预测了市场偏好，能否赢得适合本企业经营发展的目标顾客群体，能否实现财务上的盈利目标以及生产经营中的价值增值。在品牌维护方面，徐颖等（2019）研究表明，外部市场的复杂化和消费者对产品要求的多样化使得企业只有实施品牌战略才能不断提高核心竞争力。关于品牌维护，企业应该设立专门的部门，针对产品质量、产品定位开展长期的管理，并积极做好品牌创新和品牌延伸等工作。王学军、孙炳（2017）指出，双元营销能力可以有效促进企业的价值创造，拥有较高营销探索能力的企业能更加快速地捕捉到当前市场的变化趋势、管理现有销售环节、完善品牌建设、维护顾客关系；拥有较高营销开发能力的企业能够准确地进行市场定位，最终有针对性地聚焦于新的目标顾客群体，将独具的营销资源转变为出色的销售能力，形成竞争对手难以复制的差异化优势。

六 社会责任履行能力

根据价值网络理论，企业的价值创造能力不仅受到自身价值增值能力的影响，也会受到自身所处价值网络的影响。企业所处的价值网络不仅包括供应商网络、分销商网络、竞争者网络、顾客网络等，还包括企业社会责任的履行情况。企业的社会责任包括治理责任、人权责任、员工责任、环境责任、公平运营责任、消费者责任和社区责任等。赵徽羽、赵迎欢（2018）强调价值创造与企业对社会履行的责任关联紧密。一方面，从个体层面来看，企业是否履行社会责任直接影响消费者和员工对其满意程度评价的标准，基于这一评价的消费者和员工会对企业的产品或服务产生心理预期，具备较好质量的产品会被消费者广泛接受并有效利用，同时还能在其关系人群中大力宣传，这在客观上促进了企业进一步创造价值。另一方面，从群体角度来看，是否履行社会责任关乎企业能否获得来自社会和其他组织对企业的赞誉及认可，而基于信誉资本的转化也与企业价值创造能力正相关。

七　学习能力

学习能力是指组织包括员工在内的学习能力。根据学习型组织理论，企业要获得竞争优势，就要构建一个能够充分发挥员工创造性思维的组织结构。企业的竞争优势就在于组织能否促进员工的创新能力、团队的学习能力，以及坚持全员学习、终生学习、全过程学习和无边界学习。企业文化同样对企业意义重大，能够深入渗透到员工行为之中的企业文化会加速企业价值增值的进程，是企业应当具备的软实力。

陈晓芳等（2013）认为，企业文化能促进员工的积极性，强调企业的制度文化、行为文化和精神文化是保证企业可持续发展和不断创新的重要动力，是建立企业品牌、提升市场对企业产品接受度的重要力量。张雁、王涛（2012）实证研究表明，内外部的学习都会影响价值创造，与正式化组织结构相比，能够对市场变化做出及时应对的组织结构会在企业内部营造良好的传播知识、共享知识的氛围。组织学习使员工更愿意运用知识、创造知识，并将二者有机结合，保障学习活动的效率，最终实现价值创造。李连燕、张东廷（2017）认为，人、财、物在企业拥有的资源中占据重要地位，起初财务资本能从根本上影响企业绩效，是企业价值创造的核心。随着研究的深入，智力资本的产生使得企业市场价值与账面价值间存在的差异越发显著，学术界开始广泛认同智力资本驱动价值。学习能力还包括组织信息的获取能力。在网络时代，企业信息获取能力是企业获得竞争优势的关键。企业能否通过建立庞大而发达的信息系统迅速收集、处理并传递信息，对企业决策至关重要。决策的反应力和速度在很大程度上取决于企业信息系统的发达程度。企业需要获得竞争对手的信息以及相关产业政策、市场和顾客等信息，以便企业能够持续改进产品，能够根据相关宏观政策和市场变化等做出迅速反应。

价值链、价值网络和学习型组织角度的能力观，实际上和资源基础角度、关系角度、动态角度的企业能力观是一致的，只是依据的理论和角度不同。从价值创造能力角度来看，价值链上的研发能力、运营能力和分销能力体现了企业资源基础观，供应商管理能力、顾客管理能力和社会责任履行能力则体现了企业的关系能力，学习能力属于企业的动态能力。

第三节 管理会计促进企业价值创造的具体路径

根据 22 项管理会计应用指引的规定，管理会计工具方法的应用领域包括战略管理、预算管理、成本管理、营运管理、投融资管理、绩效管理和风险管理，具体工具方法包括战略地图、价值链管理、滚动预算、零基预算、弹性预算、作业预算、全面预算、目标成本法、标准成本法、变动成本法、作业成本法、本量利分析、敏感性分析、边际分析、内部转移定价、多维度盈利能力分析、标杆管理、贴现现金流法、项目管理、情景分析和约束资源优化等。管理会计以价值创造为核心，通过管理会计工具方法实现其对企业价值创造的影响，通过其工具方法可以提高价值创造影响因素对企业价值创造的影响力。

1. 管理会计工具方法能够促进企业的研发能力

企业研发能力的提高依赖于企业的技术、人员和组织能力。管理会计能够为企业研发提供支撑。清晰合理的发展方向和明确的战略目标有助于企业在激烈的竞争中获得持续稳定的发展和竞争优势，合理的资源配置以及有力的执行能力能够实现企业的价值增值。战略管理可以帮助企业确定研发战略目标，通过战略地图和价值链管理可以将研发战略具体落实到采购、生产、营销等价值增值环节，并围绕研发战略展开价值管理。同时，将研发战略与生产环节相结合，可以促进生产环节产品成本的降低。例如，在产品研发环节，用通用零部件取代一些可替代的专用零部件，可以在生产阶段使新产品的成本降低。战略管理结合预算管理，可以将企业的优势资源集中于研发阶段，保证研发的顺利进行。很多大型国际企业是通过战略管理和预算管理来支撑和保证研发的顺利进行，如苹果公司，其战略定位为产品差异化，因此，新产品研发是其战略重点，苹果公司通过战略管理将企业的优势资源集中于研发阶段，并赋予研发部门很大的权利，包括预算编制的绝对参与权、资源获得的绝对优先权，并在价值链管理的其他环节尽量降低资源耗费，如利用全球产业链将生产环节外包，以降低产品生产成本，从而保证研发部门能够获得所需的资源。绩效管理中的平衡计分卡将战略管理和预算管理相结合，通过绩效考核指标的制定确定预算管理的衡量维度和标准，通过战略地图的绘制和执行方案的制定将企业战略落实到企业的实际行动中，并通过绩效考核和奖励指引企业员工行为，促进企业战略目标的实现。

2. 管理会计工具方法能够促进企业的组织运营能力

组织运营能力包括组织结构、信息传递速度、成本控制能力、质量控制能力、绩效管理能力和决策能力等。管理会计工具能够促进组织运营能力的提高。管理会计工具方法研究的初始即围绕企业运营能力的提高展开，如预算管理中的滚动预算、零基预算、弹性预算、作业预算，成本管理中的目标成本法、标准成本法、变动成本法、作业成本法，营运管理中的本量利分析、敏感性分析、边际分析、内部转移定价、多维度盈利能力分析、标杆管理，投融资管理中的贴现现金流法、项目管理、情景分析、约束资源优化，绩效管理中的关键绩效指标法、经济增加值法、平衡计分卡、绩效棱柱模型、股权激励，风险管理中的风险矩阵、风险清单等方法均以提高组织运营能力为目标。管理会计工具可以帮助企业有效控制原材料成本、产品质量，提高信息传递速度，为管理决策提供有效信息，帮助企业配置资源。通过战略管理，如战略地图、价值链管理等，对企业发展方向、目标、资源配置、工作任务和政策落实进行全面长期的把握，并做出经营决策和管理方针。

3. 管理会计工具方法能够促进企业的分销能力

企业分销能力主要包括销售预测、分销速度、分销商网络、质量保证等。战略管理可以为企业分销进行长远规划，如预期销售市场、竞争价格、利润等；预算管理可以为企业分销提供资源支持，保证分销网络、分销速度、质量等；营运管理可以为企业销售预测等提供相关数据；绩效管理通过对市场占有率、销售人员绩效等的考核，可以帮助企业进行准确的销售预测，并引导员工，从而实现企业分销能力的提高；风险管理可以降低或规避企业分销过程中的风险。

4. 管理会计工具方法能够促进企业的供应商管理能力

企业的供应商包括原材料供应商和设备供应商。供应商管理能力包括采购成本控制、采购原料运送时效、产品原料质量控制等，这些因素均能对企业价值创造产生重要影响。管理会计中的目标成本控制、存货管理和精益生产等可以提高企业对原料和设备的采购成本控制和采购时效控制的能力。目标成本法通过预测售价与预期利润之间的差额确定预计总成本，再将预计总成本分摊到各个成本项目，如原材料项目，以进行成本控制。目标成本法提供的信息可以帮助企业对供应商的原材料采购价格进行控制。标准成本法通过比较原材料实际成本与标准成本确定材料成本差异，同样可以对采购成本进行控制。变动成本法通过降低原材料变动成本来降低总成本，同样可以达到控制采购成本的目的。精益生产要求企业对存货进行适时制管理，并减少在采购、生产、销售等环节发生的浪费。适时制通过需求拉动生产，由需求量确定生产量和采购量，要求企业必须能够按订单所需原材料进行及时采购，这就要求企业和供应商建立长期稳定的合作关系。通过稳定的供应商管理实现适时制的顺利进行，在客观上促进了企业对供应商的管理能力。质量管理可以提高企业对供应商原材料质量的控制。此外，Veen-Dirks 和 Verdaasdonk（2009）通过分析，认为企业绩效管理对供应商管理有支持作用。杨琴等（2008）认为，平衡计分卡和模糊网络分析有利于企业供应商管理，并构建了供应商关系管理评价模型。可见，很多管理会计工具有利于提高企业对供应商的管理能力。

5. 管理会计工具方法能够促进企业的顾客管理能力

顾客管理包括销售预测、品牌管理、服务速度和服务质量等。管理会计工具方法可以帮助企业进行销售预测，实现品牌管理，提高服务速度与质量。很多管理会计工具方法可以实现这一目标，如本量利分析、敏感性分析、边际分析、多维度盈利能力分析等可以帮助企业预测目标利润点的销售数量等，为销售预测提供支持。平衡计分卡作为落实企业战略的一种有效的工具，连接了战略、预算、控制与绩效考核。平衡计分卡通过顾客维度指标的考核，可以保证企业产品战略的实施，并为顾客管理提供资源；通过制定顾客维度绩效考核指标，可以引导员工的行为，进而帮助企业提高顾客管理能力。风险管理中的风险矩阵、风险清单可以帮助企业识别风险，尤其是在产品市场等面临的风险。很多管理会计工具直接或间接地促进着企业顾客管理能力的提高。

6. 管理会计工具方法能够促进企业的社会责任履行能力

企业社会责任包括治理责任、人权责任、员工责任、环境责任、公平运营责任、消费者责任和社区责任等。管理会计工具方法可以帮助企业提高社会责任履行能力。管理会计通过提高企业的营运管理能力、绩效管理能力等，可以提高企业的治理责任、人权责任、公平运营责任、员工责任等的履行能力。如平衡计分卡中对员工满意度的考核可以帮助企业了解员工对企业的满意程度，对消费者满意度的考核可以掌握消费者的满意程度，从而提高企业的社会责任履行能力。再如预算指标制定中参与式预算的制定，可以在企业内部营造公平运营的环境。总之，管理会计通过其工具方法收集、处理、传递相关信息，可以提高企业的社会责任履行能力。

7. 管理会计工具方法能够促进企业的学习能力

企业要具备优异的学习能力，就要构建一个能够充分发挥员工创造性思维的组织结构，推动员工的创新能力和团队的学习能力。管理会计可以帮助企业提高学习能力。管理会计通过提供财务与非财务信息促进企业的持续改进，很多管理会计工具方法以持续改进为前提，不断推动企业的变革，促进学习能力的提升。如绩效管理中的平衡计分卡，绩效管理本身就强调持续性改进，通过将绩效考核结果反馈给下一年的绩效制定，对新的绩效考核指标进行修订，以推动持续改进。在平衡计分卡的四个维度中，其中之一就是学习与成长维度，通过员工培训次数、培训费用、合理化建议数量等考核指标的制定，将企业的学习能力落实到企业的绩效考核之中，推动企业学习能力的提高。另外，管理会计也推动了组织文化向心力的形成。平衡计分卡突破了传统的财务绩效考核方式，将非财务因素如组织文化等融入其中。平衡计分卡可以从学习与成本维度考核企业员工的满意度、组织文化的向心力等，有利于形成良好的企业文化，推动企业价值创造能力的持续提升。管理会计工具方法能够提高企业的信息获取能力，传统的管理会计主要为企业提供财务信息，而现代管理会计将财务系统与业务系统相结合，可以为企业决策提供财务信息与非财务信息。管理会计本身就是综合运用会计方法为企业决策提供所需信息，本身具有信息收集、加工、处理的能力，而且很多管理会计工具方法可以提高企业的信息获取能力，如标杆管理。标杆管理以竞争对手或企业内部先进的管理方法为标杆，通过找到两者之间的差距，以获得持续改进，缩小与竞争对手或内部标杆之间的差距。此外，本量利分析、敏感性分析、边际分析、多维度盈利能力分析、风险矩阵、风险清单等管理会计工具方法都十分重视内外部信息的收集、处理和传递。

管理会计通过管理会计工具的运用实现了对企业价值创造的影响。通过以上分析可知，管理会计工具方法被综合应用于企业的研发、组织运营、分销、供应商管理、顾客管理、社会责任履行、学习能力与组织文化、信息获取等方面。多种管理会计工具方法在促进研发能力、组织运营能力、分销能力、供应商管理能力、顾客管理能力、社会责任履行能力、学习能力方面发挥着重要作用，推动了这些因素对企业价值创造的影响。表3-2展示了管理会计工具方法促进价值创造影响因素的路径。

表3-2　管理会计工具方法促进价值创造影响因素的路径

价值创造影响因素	管理会计应用领域	管理会计工具
研发能力	战略管理	战略地图、价值链管理
	预算管理	滚动预算、零基预算、弹性预算、作业预算
	营运管理	标杆管理
	投融资管理	贴现现金流法、项目管理、情景分析
	绩效管理	关键绩效指标法、平衡计分卡、股权激励
	风险管理	风险矩阵、风险清单
组织运营能力	战略管理	战略地图、价值链管理
	预算管理	滚动预算、零基预算、弹性预算、作业预算、全面预算
	成本管理	作业成本法、标准成本法、变动成本法、生命周期成本法
	营运管理	本量利分析、敏感性分析、边际分析、内部转移定价、多维度盈利能力分析、标杆管理
	投融资管理	贴现现金流法、项目管理、情景分析、约束资源优化
	绩效管理	关键绩效指标法、经济增加值法、平衡计分卡
	风险管理	风险矩阵、风险清单

价值创造 影响因素	管理会计应用领域	管理会计工具
分销能力	战略管理	战略地图、价值链管理
	营运管理	本量利分析、敏感性分析、边际分析、内部转移定价、多维度盈利能力分析、标杆管理
	绩效管理	关键绩效指标法、平衡计分卡
	风险管理	风险矩阵、风险清单
供应商管理能力	战略管理	战略地图、价值链管理
	预算管理	滚动预算、零基预算、弹性预算、作业预算、全面预算
	成本管理	作业成本法、标准成本法、变动成本法、生命周期成本法
	营运管理	本量利分析、敏感性分析、边际分析、标杆管理
	绩效管理	关键绩效指标法、经济增加值法、平衡计分卡
	风险管理	风险矩阵、风险清单
顾客管理能力	战略管理	战略地图、价值链管理
	预算管理	滚动预算、零基预算、弹性预算、作业预算、全面预算
	成本管理	作业成本法、标准成本法、变动成本法、生命周期成本法
	营运管理	本量利分析、敏感性分析、边际分析、内部转移定价、多维度盈利能力分析、标杆管理
	绩效管理	关键绩效指标法、经济增加值法、平衡计分卡
	风险管理	风险矩阵、风险清单
社会责任履行能力	战略管理	战略地图、价值链管理
	预算管理	滚动预算、零基预算、弹性预算、作业预算、全面预算
	风险管理	风险矩阵、风险清单
学习能力	战略管理	战略地图、价值链管理
	预算管理	滚动预算、零基预算、弹性预算、全面预算
	绩效管理	关键绩效指标法、平衡计分卡
	风险管理	风险矩阵、风险清单

| 第四章 |

管理会计促进企业价值创造的实证分析

本章在第三章理论分析的基础上，对管理会计工具、价值创造关键因素能力和企业价值创造之间的关系进行验证分析。由于企业管理方面的数据在资本市场很难获得，因此本书采用结构方程的分析方法进行实证检验。

第一节　实证研究设计

从第三章的理论分析中可以看出，根据价值链理论、价值网络理论和学习型组织理论，企业内部价值创造环节可以划分为研发、组织运营和分销，外部网络关系可以划分为供应商管理、顾客管理和企业社会责任履行，以及学习能力。企业在这些关键环节和网络上的能力会影响企业的价值创造程度。管理会计以价值创造为核心，管理会计工具方法的使用可以促进企业的价值创造，而管理会计对企业价值创造的这种影响，是通过促进企业在价值创造关键因素上的能力而实现的，因而，本章主要研究管理会计工具、价值创造关键因素能力和价值创造三者之间的关系，以及企业在价值创造关键因素方面的能力在管理会计工具和价值创造之间的中介作用。通过结构方程的路径分析，研究管理会计工具方法是如何通过影响价值创造关键因素进而影响企业价值创造能力，从而发现企业价值创造中的关键环节，以及管理会计在这些环节中所发挥的作用。

第二节　研究假设

价值管理过程学派认为，企业价值管理是一系列以价值为基础的管理活动，通过价值驱动因素、价值管理模式推动企业创造价值，以实现企业或股东财富最大化（Haspeslagh et al.，2001）。关于价值驱动因素的研究先后经历了价值链理论、价值网络理论和学习型组织理论。价值链理论将企业创造价值的活动划分为内部价值链和外部价值链（波特，1997a）。价值网络理论突破了链式思维，将企业内外部价值链扩展为企业和外部的各种网络关系，并与能力学派融合，认为企业与供应商、员工、顾客、竞争对手、合作伙伴和股东等众多相关者之间的网络关系，以及处理这些关系的能力，对企业价值创造起到关键作用（Slywotzky and Morrison，1998）。学习型组织理论从组织学习角度出发，认为通过自我进步实现超越、与员工建立共同的期待与愿望、在组织内部开展团体学习等能够促进企业的长期价值创造能力。价值网络理论和学习型组织理论从内外部资源整合、运用和学习能力等角度构建了一个多维的价值形成体系。本书依据上述理论，将企业价值创造活动划分为研发、组织运营、供应商管理、顾客管理、社会责任履行和组织学习，并将企业在这六个方面的能力作为影响企业价值创造的关键因素。

一　管理会计工具方法与企业价值创造

作为企业内部的一种管理工具，管理会计工具服务于企业目标，促进企业的价值创造。管理会计工具方法与企业价值创造之间的关系，通过美国管理会计师协会等对管理会计概念的界定可见一斑。无论是国际会计师联合会在 1999 年 3 月修订的《管理会计概念》公告中对管理会计的界定,还是 2012 年美国管理会计师协会公布的新修订的《管理会计公告》,以及 2014 年美国皇家特许管理会计师公会和美国注册会计师协会发布的《全球管理会计原则》对管理会计的界定,都强调了管理会计在企业价值创造中的作用。可见,管理会计以价值创造为目标。企业在设计管理会计体系时,应注意通过管理会计体系提高企业的价值创造能力。

我国很多学者也对此进行了大量论证。冯巧根(2015)认为,管理会计本质上是企业组织的一种价值管理行为,它以经营活动为核心,目的是实现组织战略,创造组织价值。管理会计作为管理控制系统的镜像(陈良华,2015),是为满足组织内部经营管理的需要,对内提供财务与非财务信息的系统(傅元略,2016),以促进企业价值创造为目标。管理会计工具方法是实现管理会计目标的具体手段。研究发现,管理会计工具对企业价值创造的影响部分体现在对企业绩效的直接影响上(钟芳等,2019)。各管理会计工具之间的整合使用能够提供战略决策信息,更有效地服务于企业战略,提升企业业绩。2016 年,财政部发布的《管理会计基本指引》列举了常用的 26 种管理会计工具方法,并明确提出管理会计工具方法是实现管理会计目标的具体手段,因此,有理由相信管理会计工具方法应该能够促进企业的价值创造能力。据此提出假设 1。

假设 1:管理会计工具方法与企业价值创造正相关。

二 企业价值创造关键因素能力与企业价值创造

价值网络理论强调企业与顾客、供应商和竞争者之间的竞争与合作,通过内部网络与外部网络之间的整合与互动,推动企业价值创造。企业内部网络节点包括研发能力、组织运营能力和分销能力等,外部网络包括与顾客、供应商和社会公众等之间的关系。以 Dyer 和 Singh

（1998）为代表的关系能力观认为，价值创造不仅依赖于企业拥有的资源，也依赖于企业在供应商、顾客等网络关系上的处理能力。以 Ngo 和 O'Cass（2009）为代表的动态能力观认为，价值是由企业的动态能力所创造的，动态能力通过学习、整合和重构企业内部能力适应外部环境的变化。可见，企业在价值网络内部节点和处理内外部网络关系上的能力是企业价值创造的关键影响因素。Dutta 等（2005）将企业内部能力划分为研发能力、组织运营能力和分销能力，认为研发能力可以促进企业新产品或流程的创新，形成企业的竞争优势。Prahalad 和 Hamel（1990）对企业间产生效益差异的原因进行了论证，发现组织运营能力是导致企业具有不同核心能力的关键。Takeishi 和 Fujimoto（2001）通过研究发现，那些能够构建企业网络的企业比那些不能与其他企业构建网络关系的企业更能获得竞争力，企业与外部供应商、顾客之间的网络关系以及内外部网络之间的协调与共享影响着企业的价值创造。Day（1994）认为，营销能力通过研究顾客和市场趋势，创造了价值增值的知识和技能体系。核心能力观认为，企业的核心能力主要包括企业的研发、生产制造以及营销能力（李怡靖，2003）。Gronroos（2011）认为，企业为价值创造提供了必要的基础，而顾客将潜在价值转变为现实，从而实现价值创造，因此，顾客是价值创造的关键。学习能力属于企业的动态能力，是组织的核心能力（Hamel and Prahalad，1989）。企业员工通过学习和积累新的技能，使企业具有持续的价值创造能力（Teece et al.，1997）。对企业而言，创造顾客价值是企业成功的关键。Andrea 和 Luciano（1999）同样认为，构建和利用关系是企业独特的能力。据此，提出以下假设。

假设 2：企业价值创造关键因素能力与企业价值创造正相关。

假设 2a：研发能力与企业价值创造正相关。

假设 2b：组织运营能力与企业价值创造正相关。

假设 2c：分销能力与企业价值创造正相关。

假设 2d：供应商管理能力与企业价值创造正相关。

假设 2e：顾客管理能力与企业价值创造正相关。

假设 2f：社会责任履行能力与企业价值创造正相关。

假设 2g：学习能力与企业价值创造正相关。

三 管理会计工具方法与价值创造关键因素能力

管理会计工具的概念首次出现在财政部发布的《管理会计基本指引》中，管理会计工具方法是对各种管理会计工具和方法的统称。22项管理会计应用指引将管理会计工具方法主要应用于 7 个领域，即战略管理、预算管理、成本管理、营运管理、投融资管理、绩效管理和风险管理，包括 26 种工具：战略地图、价值链管理、滚动预算、零基预算、弹性预算、作业预算、全面预算、目标成本法、标准成本法、变动成本法、作业成本法、生命周期成本法、本量利分析、敏感性分析、边际分析、多维度盈利能力分析、标杆管理、全面质量管理、贴现现金流法、项目管理、资本成本分析、关键绩效指标法、经济增加值法、平衡计分卡、风险矩阵、风险清单等。这些工具被广泛地应用于企业研发、组织运营、供应商管理、顾客管理、企业的社会责任履行和学习等方面（沙秀娟、王满，2019），对企业在这些方面能力的提高起到了促进作用。战略管理、预算管理和绩效管理提高了企业在供应商管理、组织运营和顾客管理方面的能力（何瑛，2005），通过缩减供应链总成本（Norreklit and Mitchell，2014），形成闭环式良性循环，促进企业价值创造（王雎，2006）。管理会计工具应用领域（冯巧根，2009），如预算管理（陈宏，2011）、风险管理（Saeidi et al.，2015）能够有效提高企业社会责任履行能力。因此，有理由相信管理会计工具方法的运用有助于企业在这些方面能力的提高，进而提出以下假设。

假设 3：管理会计工具方法与价值创造关键因素能力正相关。

假设 3a：管理会计工具方法与研发能力正相关。

假设 3b：管理会计工具方法与组织运营能力正相关。

假设 3c：管理会计工具方法与分销能力正相关。

假设 3d：管理会计工具方法与供应商管理能力正相关。

假设 3e：管理会计工具方法与顾客管理能力正相关。

假设 3f：管理会计工具方法与社会责任履行能力正相关。

假设 3g：管理会计工具方法与学习能力正相关。

四　价值创造关键因素能力在管理会计工具和价值创造之间的中介作用

管理会计工具方法可以提高企业在价值创造关键因素上的能力。管理会计通过促进企业研发能力、组织运营能力、分销能力、供应商管理能力、顾客管理能力、社会责任履行能力和学习能力，提高了这些关键因素对企业价值创造的贡献度，进而提高了企业的价值创造能力。因此，提出假设 4。

假设 4：管理会计工具方法通过影响价值创造关键因素能力进而影响企业价值创造。

第三节　结构方程模型初步构建

根据研究假设，构建结构方程模型，图 4-1 为初步构建的结构方程模型。

第四节　主要变量设计

本书要研究的是管理会计对企业价值创造的影响，主要变量包括管理会计工具方法、价值创造关键因素能力和价值创造，其中管理会

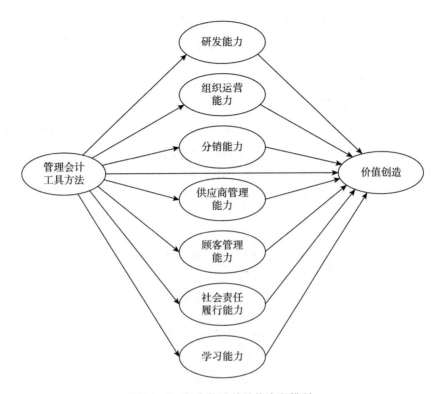

图 4 – 1　初步构建的结构方程模型

计工具方法为解释变量，价值创造为被解释变量，价值创造关键因素能力为中介变量。具体设计如下。

一　管理会计工具方法主要维度及测项

管理会计工具方法是本书研究的解释变量。本书要研究的是管理会计工具方法对价值创造关键因素能力和价值创造的影响。财政部发布的《管理会计基本指引》中列举了管理会计工具方法主要应用的 7个领域，即战略管理、预算管理、成本管理、营运管理、投融资管理、绩效管理、风险管理，并介绍了每一领域常用的管理会计工具方法，共 26 种，即战略地图、价值链管理、滚动预算、零基预算、弹性预算、作业预算、全面预算、目标成本法、标准成本法、变动成本法、作业成本法、生命周期成本法、本量利分析、敏感性分析、边际分析、多维度盈利能力分析、标杆管理、全面质量管理、贴现现金流法、项目管理、资本成本分析、关键绩效指标法、经济增加值法、平衡计分卡、风险矩阵、风险清单。因此，本书将财政部《管理会计基本指引》中列举的 26 种管理会计工具方法作为管理会计工具方法的主要维度。在测项方面，依据每一工具方法的核心内容，并参考钟芳等（2019）研究中的测项，具体设计如表 4 - 1 所示。

表 4 - 1　管理会计工具方法的变量度量

潜在变量（测度构面）	应用领域	变量符号	题项设计	出处
管理会计工具方法	战略管理	SM	绘制战略地图，并根据战略地图确定企业战略重点	钟芳等（2019）、沙秀娟等（2017）
		VCM	对各价值链节点（采购、设计、生产、销售和售后服务等）进行分析管理，精简作业环节，并关注供应商和竞争对手	
	预算管理	RB	预算编制逐期向后滚动，始终保持固定周期	
		ZBB	以零为起点编制预算	
		FB	在分析业务量与预算项目之间数量关系的基础上，分别确定不同业务量及其对应的预算项目数	
		OB	将企业生产流程划分作业，并制定作业预算	
		CB	编制经营预算、财务预算和资本性支出预算等，并由各部门各级人员全员参与预算编制	
	成本管理	TCM	给定价格和期望利润水平，进而确定目标成本，设计运营流程	
		SCM	标准成本的制定、标准成本与实际成本的差异的计算和分析	
		VCW	成本核算区分变动生产成本和固定生产成本，变动生产成本计入产品成本，固定生产成本和非生产成本不计入产品成本	
		ABC	将企业生产流程划分作业，并计算作业成本和产品成本	
		LCM	量化和分析整个生命周期（产品需求、规划设计、生产经营、回收处置）的所有成本	

续表

潜在变量 (测度构面)	应用领域	变量 符号	题项设计	出处
管理会计 工具方法	营运管理	CVP	利用成本、销售数量、价格和利润之间的关系制订销售和生产计划	钟芳等 (2019)、 沙秀娟等 (2017)
		SA	对影响目标利润、成本或销量等实现的因素变化进行量化分析，以确定各因素变化对目标的影响及其敏感程度	
		MA	在评价既定产品或项目的获利水平时，对产品或项目的可变因素的变动而引起其他相关可变因素变动的情况进行分析	
		MDP	对经营成果，按照区域、产品、部门、顾客、渠道、员工等维度进行计量，并分析盈亏动因	
		BM	参照标杆企业先进的业务流程和管理方式，不断改进和创新	
		TQM	系统地、持续地促进产品质量、流程和服务的全面质量管理	
	投融资管理	DCF	在投资项目的决策中，考虑项目各期现金流入、流出的现值，并将其作为决策的依据	
		PM	在项目管理过程中，邀请项目参与者共同合作，通过挣值法、成本效益法或价值工程法对各项资源进行计划、组织、协调和控制	
		COC	对资本筹集费用和占用费用进行分析	
	绩效管理	KPI	在绩效指标的制定中，通过对企业战略目标、关键成果领域的绩效特征分析，选择最能有效驱动企业价值创造的指标	
		EVA	按照国资委或监管机关的要求，利用经济增加值对企业自身业绩进行评价	
		BSC	将财务、顾客、内部流程和学习创新四个维度作为绩效评价的依据	
	风险管理	RM	按照风险发生的可能性和风险发生后果的严重程度，绘制风险及其等级矩阵图	
		RL	根据自身战略、业务特点和风险管理要求等，以表单形式进行风险识别、风险分析、风险应对、风险报告和沟通等管理活动	

二 价值创造主要维度及测项

价值创造是本书的被解释变量。本书要研究的是管理会计工具方法、价值创造关键因素能力对企业价值创造的影响。从价值概念的产生和发展来看，价值概念首先产生于哲学领域，逐渐被引入经济学领域，随着经济的发展和企业规模的壮大，又被引入管理学领域。管理学中的价值概念是微观经济学在企业管理中的折射。管理学的价值概念包括企业价值和顾客价值。企业价值是企业价值创造的最终目标，而顾客价值是企业价值实现的保障。本书对企业价值创造能力的界定突破了以往研究方法中以长期、短期绩效作为衡量指标的做法。在对价值概念产生和发展的历史进行梳理的基础上，从管理学角度，以顾客价值和企业价值作为衡量企业价值创造能力的基础。企业的价值创造应该有助于实现企业价值和顾客价值，因此，价值创造的测项应能体现企业价值和顾客价值，借鉴 Anderson 和 Williams（2004）对企业价值创造的界定和测项。价值创造的变量度量如表4-2所示。

表 4-2　价值创造的变量度量

潜在变量 （测度构面）	变量 符号	题项设计	出处
价值创造	VC1	注重打开新的市场	Anderson 和 Williams （2004）
	VC2	能有效获得新顾客	
	VC3	一贯开发新产品或服务	
	VC4	产品具有较高的市场占有率	
	VC5	通过优化管理流程降低成本	
	VC6	经常影响顾客的购买决定	
	VC7	通过经营活动提高短期盈利能力	
	VC8	具有长期的竞争优势	

三 价值创造关键因素主要维度及测项

从价值链角度而言，企业创造价值的活动可以分为研发、组织运营和分销，它们构成了企业内部的主要价值创造活动。而在这些主要价值创造活动上的关键能力，决定了企业价值创造的效果。企业的研发能力、组织运营能力和分销能力是企业获得竞争力的关键。而企业创造价值的活动同样依赖外部的网络关系，如供应商关系、顾客关系以及与企业外部利益相关者之间的关系，因此，企业价值创造关键因素从价值网络角度而言还应包括供应商管理、顾客管理和社会责任履行三方面的能力。美国学者彼得·圣吉（2018）的学习型组织理论认为，为应对急剧变化的外部环境，企业应具有自我学习和再造的能力，通过独特的方法，综合考虑各方面因素以满足顾客需求，从而提高企业价值。企业的学习能力对企业价值创造而言具有长期的、不可替代的作用。因而，本书选取的价值创造关键因素包括研发、组织运营、分销、供应商管理、顾客管理、企业社会责任履行和学习能力7个方面。

研发能力是企业获得关键竞争优势的主要因素。从资源基础观和动态能力观角度看，企业研发能力依赖于资源的投入和协调与整合能力，包括人员、资金、机构协作与整合。从研发资金的投入程度、研发人员的能力、研发平台的数量和专利获批数量可以看出企业的研发能力（姚雪芳等，2010）。本书在对研发能力进行测量时，从企业研发资金的投入、研发人员的能力、自创或协作研发平台的数量等方面，并参考姚雪芳等（2010）的研究内容，对研发能力进行测量。

组织运营能力构成了企业内部核心能力（D. L. Day，1994），反映在企业的制造、组织、分销等方面，是蕴藏在运营流程中的知识和技能。其内容包括采购、库存管理、成本控制、质量控制、绩效管理和决策能力。从学习型组织角度而言，扁平化的组织层级和信息传递速度会影响企业的学习能力，进而影响组织运营效率。

对于医药制造业企业而言，其药品需要通过分销网络向下游批发商或药店分销，因而，分销能力是医药制造业企业价值创造中的重要一环。分销网络的稳定性和渠道的多样性决定了其顾客价值的实现。

由于很多产品在时间和温度上具有较高的要求，因此，在分销环节，企业是否具有有效的质量控制方法也是企业分销能力的重要表现。本书参考宋华、卢强（2017b）的测项，将是否具有稳定的分销网络（能及时地将产品营销给下游顾客），是否有多套产品的广告、促销等方案且灵活多变，分销过程是否具有有效的产品质量控制方法，作为企业分销能力的测项。

价值网络理论认为，顾客价值是企业价值创造的终极，只有实现顾客价值才能实现企业价值，企业外部网络关系主要包括顾客和供应商。动态能力理论进一步认为，企业与关键供应商和顾客之间资源与能力的整合有助于实现企业价值最大化。整合意味着企业与顾客、供应商之间共享利益、共担风险，实现一个动态的价值创造系统（Ajmera and Cook，2009）。Frohlich 和 Westbrook（2002）认为，决定企业价值创造的企业与供应商之间的动态能力表现为企业与关键供应商合作关系的稳定程度，以及供应商参与企业研发设计、生产计划、市场情报的共享程度。供应商在产品研发设计、生产计划和市场情报中的参与能够提高企业与供应商的协作创新能力、生产协作能力等，促进企业价值创造。因此，本书参照 Frohlich 和 Westbrook（2002）以及 Narasimhan 和 Kim（2002）的观点对企业供应商管理能力进行测量。

Narver 等（2004）认为，企业与顾客之间建立长期稳定的合作关系，并积极与顾客互动提高产品或服务质量，有助于企业的价值创造。Flint（2011）认为，积极响应顾客需求是企业普遍共识的价值驱动因素。Day（2000）认为，顾客需求的满足取决于企业与顾客之间信息、资源和知识的共享以及彼此之间关系的协调。可见，企业顾客管理能力取决于企业对顾客需求的响应、与顾客之间的互动、长期的合作关系等。参考以上观点，本书将与顾客积极互动以提高产品或服务质量、努力与顾客建立长期的合作关系、具有一套识别和快速响应顾客需求的程序、为顾客提供的产品或服务没有质量问题，作为顾客管理能力的测项。

从企业价值的利益相关者理论而言，除企业管理者、员工和股东之外，企业还存在诸多利益相关者，其中，企业对社会的责任和贡献是重要体现。企业对政策法规的响应程度、对利益相关者诉求的重视程度、社会责任履行带来的经济利益、高级管理者具备一定的社会责任意识都会对企业价值产生影响（黄湘萌，2017）。因此，本书从以上角度对企业社会责任履行能力进行测量。

彼得·圣吉（2018）认为学习型组织的实现途径有五种，即自我学习、共同的愿景、团体学习、心智模式和系统思考。因此，本书根据学习型组织理论对企业的学习能力进行度量。价值创造关键因素的变量度量如表4-3所示。

表4-3 价值创造关键因素的变量度量

潜在变量（测度构面）	变量符号	题项设计	出处
研发能力	RD1	研发资金占总资产比重	姚雪芳等（2010）
	RD2	研发人员占总人员比重	
	RD3	研发人员学历程度	
	RD4	研发人员从事研发工作时间	
	RD5	专利获批数量	
	RD6	新产品研发成本	
	RD7	自创研发机构数量	
	RD8	与科研机构、院校等共建的研发平台数量	
组织运营能力	OC1	根据订单需求进行材料采购	钟芳等（2019）
	OC2	具有严格的库存管理方法	
	OC3	具有有效的成本控制方法	
	OC4	具有避免浪费的各种措施	Leong等（1990）
	OC5	部门之间、上下级之间的信息传递速度较快	霍明奎（2015）
	OC6	具有有效的产品质量控制方法	钟芳等（2019）
	OC7	具有有效的绩效管理方法	

续表

潜在变量 （测度构面）	变量 符号	题项设计	出处
组织运营能力	OC8	具有一系列决策的程序和拥有决策能力的高级管理人员	李钧等（2020）
	OC9	组织层级较少	胡斌、刘作仪（2018）
分销能力	DC1	具有稳定的分销网络，能及时地将产品营销给下游顾客	宋华、卢强（2017b）
	DC2	有多套产品的广告、促销等方案且灵活多变	
	DC3	分销过程具有有效的产品质量控制方法	
供应商管理能力	SMC1	与关键供应商共享市场情报信息	Frohlich、Westbrook（2001，2002）；Narasimhan、Kim（2002）
	SMC2	与关键供应商实时协调物流活动	
	SMC3	邀请关键供应商参与研发设计产品	
	SMC4	与关键供应商协调制订生产计划	
	SMC5	努力与供应商建立长期的合作关系	
顾客管理能力	CMC1	与顾客积极互动以提高产品或服务质量	Narver、Slater（1990）；Narver等（2004）；宋华、卢强（2017c）；Mithas等（2005）；刘书庆、董丽娜（2014）
	CMC2	努力与顾客建立长期的合作关系	
	CMC3	具有一套识别和快速响应顾客需求的程序	
	CMC4	为顾客提供的产品或服务没有质量问题	
社会责任履行能力	SR1	响应政策法规对企业社会责任履行的要求	黄湘萌（2017）
	SR2	重视利益相关者的诉求	
	SR3	关注社会责任履行带来的经济利益	
	SR4	高级管理者具备一定的社会责任意识	
学习能力	LA1	具有能够激发员工主动成长的组织管理模式	Senge（1990）
	LA2	员工具有自我超越意识	
	LA3	企业经常进行团体学习	
	LA4	企业与员工具有共同的愿景	

第五节　调查问卷设计与数据收集

由于本书研究的对象——管理会计工具方法、价值创造关键因素和价值创造均属于企业内部管理过程层面，很难从公开资本市场收集到相关数据，为保证分析结果的准确与可靠性，本书通过发放调查问卷的方法收集数据，并采用结构方程的方法进行研究。

本节将对研究中所涉及的问卷设计、样本与数据收集、主要变量的解释与设计等进行详细介绍和阐述。

一　问卷设计

问卷设计包括问卷内容和问卷设计过程，为保证问卷内容的准确性和合理性，问卷测项参考了大量相关文献，并经过严密的思考对问卷进行反复斟酌与修改，最后确定问卷内容。

1. 问卷内容

问卷调查内容主要包括：被调查者的职位、从业年限、所在单位性质和从属行业、经营规模、经营时间等基本情况，以及被调查企业的管理会计工具方法、价值创造关键因素和价值创造情况调查的三个主要量表。按照 Podsakoff 和 Organ（1986）的建议，问卷中没有出现上述三方面的题名，以防通过因果关系进行的逻辑推断。问卷采用五级量表对题项进行打分测量：1 为"完全不符合"，2 为"不符合"，3 为"一般"，4 为"符合"，5 为"完全符合"。具体内容见附录。

2. 问卷设计过程

为保证问卷测项的准确性，本书主要采取了以下步骤对问卷进行设计。

首先，对管理会计工具方法、价值创造关键因素和价值创造能力的相关文献进行梳理，并根据相关理论进行严密推理与论证，在已有相关研究测项的基础上进行一定的修正，构思变量的测量题项，保证每一测项都具有相应的理论依据、实操性和非重复性，形成初步的调查测项。

其次，邀请会计领域相关专家对问卷进行修改，剔除非必要项、问题项，并增加必要项，得到问卷的第二稿。

再次，对 6 家企业进行实地调研，并与公司高级管理者进行讨论，对问卷测项（管理会计工具方法、价值创造关键因素和价值创造能力）的可理解性、合理性等进行咨询，力求问卷测项阐述贴近实务，使实务工作者易于理解，并对问卷内容进行再一次修改，在此基础上形成问卷三稿。

最后，邀请20名企业高级管理者进行问卷试填，通过他们提出的问题和反馈意见，对问卷进行最后修改，以确保测项的信度和效度，以及样本的匹配性，最终形成问卷终稿（见附录）。

二　样本与数据收集

1. 问卷的回收和发放情况

问卷主要向吉林、辽宁教育厅举办的高级会计师研修班学员，吉林财经大学和吉林大学的工商管理硕士，以及校企合作企业相关人员发放。总共发放调查问卷362份，回收279份。由于本书要研究的是管理会计工具方法、价值创造关键因素能力和价值创造三者之间的关系，因此，被调查者需要满足一定的条件。首先，被调查者需要了解企业管理会计工具运用的情况，知道企业运用了哪些管理会计工具和应用的程度；其次，被调查者对被调查企业的价值构成和价值创造能力具有较为深入的了解。基于以上两点，本书选定的问卷发放对象为企业的高级管理者和财务人员。因此，从回收的问卷中剔除了非高级管理者、对管理会计工具没有了解的人，以及回答不完整、随意填写或规律性较强的问卷，有效问卷共259份，问卷有效回收率为71.5%。

2. 企业规模

不同规模的企业，其管理会计工具的使用情况可能不同，在研发、组织运营、分销、供应商管理、顾客管理、企业社会责任履行和学习七个方面的能力也会不同。企业规模会影响企业管理会计工具方法的使用程度，规模越大的企业越倾向于采用先进的管理会计工具方法（沙秀娟等，2017）。因此，本书的问卷对企业规模也进行了相应的调查。根据国家统计局 2011 年对大中小微型企业划分标准中工业企业的划分标准，采用公司员工人数和年营业收入两个指标对公司规模进行衡量。具体描述性统计结果见表 4 - 4。

表 4 - 4 企业规模的描述性统计

单位：家，%

公司员工人数	数量	占比	年营业收入	数量	占比
20 人以下	36	13.90	300 万元以下	32	12.36
20～300 人	84	32.43	300 万～2000 万元	78	30.12
300～1000 人	81	31.27	2000 万～40000 万元	87	33.59
1000 人及以上	58	22.39	40000 万元及以上	62	23.94
合计	259	100.00	合计	259	100.00

从表 4 - 4 可知，公司员工人数在 20 人以下的企业有 36 家，占总数的 13.90%，年营业收入在 300 万元以下的企业有 32 家，占总数的 12.36%；公司员工人数为 20～300 人的企业有 84 家，占总数的 32.43%，年营业收入为 300 万～2000 万元的企业有 78 家，占总数的 30.12%；公司员工人数为 300～1000 人的企业有 81 家，占总数的 31.27%，年营业收入为 2000 万～40000 万元的企业有 87 家，占总数的 33.59%；公司员工人数在 1000 人及以上的企业有 58 家，占总数的 22.39%，年营业收入在 40000 万元及以上的企业有 62 家，占总数的 23.94%。总体来看，本次调查问卷的受访企业以大中型企业为主。

3. 企业性质

价值链管理、价值网络管理以及学习型组织理论均产生于国外，管理会计工具方法最早也形成于国外，逐渐被引入我国。很多国外的管理学家和企业家致力于企业管理方法的改进，因此，外资企业有可能在价值链管理、价值网络管理、学习型组织理论和管理会计方面具有丰富的经验，采用了较先进的管理方法；国有企业一般拥有雄厚的资金和人力，有能力采用先进的管理方法；在原材料和人力成本不断上升的环境下，民营企业也存在改进管理方法的动力。因此，本书对企业性质进行了调查。根据企业性质，将企业划分为国有企业、民营企业和外资企业三类。具体描述性统计见表4-5。

表4-5 企业性质的描述性统计

单位：家，%

被调查者所在企业性质	数量	占比
国有企业	87	33.59
民营企业	154	59.46
外资企业	18	6.95
合计	259	100.00

由表4-5可知，被调查者所在企业以民营企业居多，外资企业较少。近年来，国家降低了企业的准入门槛，使得大量民营资本涌入，而外资企业进入量有限。这可能是被调查者所在企业中有大量民营企业的原因。

4. 企业年龄

根据生命周期理论，处于不同生命周期阶段的企业会采用不同的管理策略，其价值创造能力也会受到生命周期的影响，因此，本书对被调查者所在企业的年龄进行了调查。具体见表4-6。

表4-6 被调查者所在企业的年龄

单位：家，%

企业年龄	数量	占比
2年以下	16	6.18
2~5年	66	25.48
5~10年	75	28.96
10~15年	53	20.46
15年及以上	49	18.92
合计	259	100.00

由表4-6可知，被调查企业只有少量属于新成立的企业，大多数企业的经营年限都在2年以上。经营15年及以上的企业占到总数的18.92%。

5. 主要变量的描述性统计

本书的主要变量包括管理会计工具方法、价值创造关键因素和企业价值创造。管理会计工具方法的描述性统计见表4-7。

表4-7　管理会计工具方法的描述性统计

测量题项	均值	标准差	方差
战略地图：绘制战略地图，并根据战略地图确定企业战略重点	2.28	1.137	1.293
价值链管理：对各价值链节点（采购、设计、生产、销售和售后服务等）进行分析管理，精简作业环节，并关注供应商和竞争对手	2.90	1.200	1.439
滚动预算：预算编制逐期向后滚动，始终保持固定周期	2.83	1.278	1.633
零基预算：以零为起点编制预算	2.68	1.230	1.514
弹性预算：在分析业务量与预算项目之间数量关系的基础上，分别确定不同业务量及其对应的预算项目数	2.87	1.205	1.452
作业预算：将企业生产流程划分作业，并制定作业预算	2.82	1.241	1.540
全面预算：编制经营预算、财务预算和资本性支出预算等，并由各部门各级人员全员参与预算编制	3.22	1.331	1.772
目标成本法：给定价格和期望利润水平，进而确定目标成本，设计运营流程	3.08	1.268	1.607
标准成本法：标准成本的制定、标准成本与实际成本的差异的计算和分析	3.03	1.231	1.516
变动成本法：成本核算区分变动生产成本和固定生产成本，变动生产成本计入产品成本，固定生产成本和非生产成本不计入产品成本	2.81	1.222	1.494
作业成本法：将企业生产流程划分作业，并计算作业成本和产品成本	2.75	1.225	1.501
生命周期成本法：量化和分析整个生命周期，产品需求、规划设计、生产经营、回收处置的所有成本	2.86	1.196	1.423
本量利分析：利用成本、销售数量、价格和利润之间的关系制订销售和生产计划	3.00	1.254	1.572
敏感性分析：对影响目标利润、成本或销量等实现的因素变化进行量化分析，以确定各因素变化对目标的影响及其敏感程度	2.76	1.228	1.508

续表

测量题项	均值	标准差	方差
边际分析：在评价既定产品或项目的获利水平时，对产品或项目的可变因素的变动引起其他相关可变因素变动的情况进行分析	2.84	1.230	1.513
多维度盈利能力分析：对经营成果，按照区域、产品、部门、顾客、渠道、员工等维度进行计量，并分析盈亏动因	2.92	1.243	1.546
标杆管理：参照标杆企业先进的业务流程和管理方式，不断改进和创新	3.08	1.157	1.339
全面质量管理：系统地、持续地促进产品质量、流程和服务的全面质量管理	3.13	1.216	1.479
贴现现金流法：在投资项目的决策中，考虑项目各期现金流入、流出的现值，并将其作为决策的依据	2.71	1.138	1.296
项目管理：在项目管理过程中，邀请项目参与者共同合作，通过挣值法、成本效益法或价值工程法对各项资源进行计划、组织、协调和控制	2.87	1.170	1.369
资本成本分析：对资本筹集费用和占用费用进行分析	2.92	1.201	1.441
关键绩效指标法：在绩效指标的制定中，通过对企业战略目标、关键成果领域的绩效特征分析，选择最能有效驱动企业价值创造的指标	3.08	1.198	1.436
经济增加值法：按照国资委或监管机关的要求，利用经济增加值对企业自身业绩进行评价	2.82	1.137	1.292
平衡计分卡：将财务、顾客、内部流程和学习创新四个维度作为绩效评价的依据	2.81	1.211	1.466
风险矩阵：按照风险发生的可能性和风险发生后果的严重程度，绘制风险及其等级矩阵图	2.74	1.226	1.504
风险清单：根据自身战略、业务特点和风险管理要求等，以表单形式进行风险识别、风险分析、风险应对、风险报告和沟通等管理活动	2.71	1.164	1.354

从表4-7管理会计工具方法的描述性统计中可以看出，在被调查者所在企业中管理会计工具的整体应用程度较高，各项工具的均值大多超过了2.50。其中，全面预算、全面质量管理、目标成本法、标杆管理、关键绩效指标法、标准成本法和本量利分析在被调查者所在企业的应用较多，与沙秀娟等（2017）的调查结果基本一致。排在后五位的分别是战略地图、零基预算、风险清单、贴现现金流法和风险矩阵。可以看出，被调查者所在企业在风险管理方面应用的管理会计工

具方法较少，在战略管理方面主要使用价值链管理（均值为 2.90），而很少采用战略地图（均值为 2.28），即战略地图也是被调查者所在企业管理会计工具中应用最少的工具方法。

从表 4-8 价值创造关键因素的描述性统计中可以看出，企业研发能力在价值创造关键因素中均值最小，而标准差最大，说明在被调查者所在企业中，其研发能力弱于其他价值创造关键因素的能力；而研发能力的标准差在各项目的标准差中最大，离散程度最大，说明研发能力在企业之间的差异性较大。此外，被调查者所在企业在研发资源投入、人员、专利数等方面的均值均较小，说明被调查者所在企业的整体研发能力较弱，尤其在自创研发机构数量和与科研机构、院校等共建的研发平台数量方面的均值最小，说明被调查者所在企业的协同创新能力不强。而被调查者所在企业在社会责任履行能力、顾客管理能力、组织运营能力、学习能力和供应商管理能力方面各测项的均值均较大，说明被调查者所在企业在这些方面的能力较强。

表 4-8　价值创造关键因素的描述性统计

潜在变量 （测度构面）	测量题项	均值	标准差	方差
研发能力	研发资金占总资产比重	2.62	1.146	1.314
	研发人员占总人员比重	2.46	1.133	1.285
	研发人员学历程度	2.53	0.896	0.802
	研发人员从事研发工作时间	2.33	0.990	0.981
	专利获批数量	2.25	1.189	1.415
	新产品研发成本	3.34	1.135	1.289
	自创研发机构数量	2.18	1.163	1.352
	与科研机构、院校等共建的研发平台数量	2.20	1.184	1.402
组织运营能力	根据订单需求进行材料采购	3.61	1.020	1.040
	具有严格的库存管理方法	3.68	0.924	0.854
	具有有效的成本控制方法	3.62	0.896	0.802
	具有避免浪费的各种措施	3.66	0.800	0.641

续表

潜在变量 （测度构面）	测量题项	均值	标准差	方差
组织运营 能力	部门之间、上下级之间的信息传递速度较快	3.74	0.855	0.732
	具有有效的产品质量控制方法	3.63	0.847	0.717
	具有有效的绩效管理方法	3.74	0.814	0.663
	具有一系列决策的程序和拥有决策能力的高级管理人员	3.66	0.834	0.696
	组织层级较少	3.44	0.805	0.648
分销能力	具有稳定的分销网络，能及时地将产品营销给下游顾客	3.47	0.956	0.913
	有多套产品的广告、促销等方案且灵活多变	3.31	0.922	0.849
	分销过程具有有效的产品质量控制方法	3.50	0.941	0.886
供应商管理 能力	与关键供应商共享市场情报信息	3.54	0.864	0.747
	与关键供应商实时协调物流活动	3.62	0.848	0.719
	邀请关键供应商参与研发设计产品	3.25	1.002	1.004
	与关键供应商协调制订生产计划	3.45	0.910	0.828
	努力与供应商建立长期的合作关系	3.77	0.879	0.773
顾客管理 能力	与顾客积极互动以提高产品或服务质量	3.71	0.902	0.813
	努力与顾客建立长期的合作关系	3.88	0.835	0.697
	具有一套识别和快速响应顾客需求的程序	3.63	0.797	0.635
	为顾客提供的产品或服务没有质量问题	3.82	0.779	0.607
社会责任 履行能力	响应政策法规对企业社会责任履行的要求	3.88	0.787	0.619
	重视利益相关者的诉求	3.76	0.849	0.721
	关注社会责任履行带来的经济利益	3.86	0.822	0.676
	高级管理者具备一定的社会责任意识	3.94	0.816	0.665
学习能力	具有能够激发员工主动成长的组织管理模式	3.60	0.868	0.753
	员工具有自我超越意识	3.20	0.832	0.689
	企业经常进行团体学习	3.40	0.855	0.721
	企业与员工具有共同的愿景	3.10	0.812	0.675

从表4-9中可以看出，被调查者所在企业的价值创造能力较高，均值大多超过了3.61的平均水平。其中，注重打开新的市场和能有效获得新顾客的均值最大，说明被调查者所在企业在开发市场和获得新顾客方面的能力较强。

表 4 - 9　价值创造的描述性统计

测量题项	均值	标准差	方差
注重打开新的市场	3.79	0.821	0.675
能有效获得新顾客	3.75	0.853	0.728
一贯开发新产品或服务	3.52	0.911	0.831
通过优化管理流程降低成本	3.77	0.861	0.742
经常影响顾客的购买决定	3.29	0.991	0.982
通过经营活动提高短期盈利能力	3.54	0.948	0.898
具有长期的竞争优势	3.68	0.870	0.758
产品具有较高的市场占有率	3.56	0.871	0.758

从以上的描述性统计中可以看出，在管理会计工具应用方面，战略管理工具和风险管理工具在被调查者所在企业中的应用比较有限；在企业价值创造关键因素上的各种能力中，被调查者所在企业的研发能力较弱，而其他能力整体较强；被调查者所在企业的整体价值创造能力较强。被调查者所在企业的研发能力弱，从理论上说，会影响企业的价值创造能力。在各种能力中，研发能力对企业价值创造的贡献度可能最低，而被调查者所在企业整体价值创造能力可能来自社会责任履行能力、顾客管理能力、组织运营能力、学习能力和供应商管理能力方面的贡献。不过，这一推断还需要通过结构方程的路径分析进行检验。

为进一步明确管理会计工具在价值创造关键因素上的使用程度，本书通过相关性分析，对被调查者所在企业价值创造各关键因素上管理会计工具的使用程度进行了描述性统计，具体见表 4 - 10。

表 4 - 10　价值创造各关键因素上管理会计工具使用程度的描述性统计

管理会计工具方法	价值创造关键因素						
	研发能力	组织运营能力	分销能力	供应商管理能力	顾客管理能力	社会责任履行能力	学习能力
战略地图	0.97	2.56	0.78	1.95	2.37	1.78	2.98
价值链管理	2.76	3.30	2.87	2.97	2.65	2.67	2.65

续表

管理会计工具方法	价值创造关键因素						
	研发能力	组织运营能力	分销能力	供应商管理能力	顾客管理能力	社会责任履行能力	学习能力
滚动预算	2.84	3.57	2.34	2.98	2.65	2.67	2.89
零基预算	0.37	2.56	0.36	0.39	1.97	2.67	2.19
弹性预算	2.89	3.68	2.14	3.28	2.65	3.07	2.89
作业预算	2.35	3.35	2.98	3.65	2.67	2.89	2.89
全面预算	2.22	3.34	2.99	2.65	2.67	2.89	2.89
目标成本法	2.78	3.57	2.36	2.78	3.65	3.67	2.89
标准成本法	2.28	3.57	3.34	3.98	2.65	2.67	2.89
变动成本法	2.21	3.52	3.14	3.26	2.87	2.13	2.69
作业成本法	2.94	3.75	2.98	3.65	2.68	2.79	2.89
生命周期成本法	2.76	3.83	2.58	2.76	3.42	2.87	2.99
本量利分析	2.85	3.85	2.24	2.98	3.65	2.67	2.89
敏感性分析	2.84	3.89	2.87	2.98	3.65	2.77	3.59
边际分析	2.83	3.81	3.34	2.98	2.65	2.67	3.89
多维度盈利能力分析	1.85	3.88	3.14	3.48	3.05	3.07	2.89
标杆管理	2.34	3.68	2.86	3.28	2.65	3.39	2.79
全面质量管理	2.15	3.57	2.34	3.98	2.85	2.67	2.89
贴现现金流法	1.83	3.35	3.36	2.95	2.67	2.83	3.29
项目管理	3.84	3.85	2.98	3.65	3.68	2.79	3.38
资本成本分析	1.97	3.87	2.14	2.43	2.65	2.67	2.69
关键绩效指标法	2.08	3.89	2.87	2.98	3.65	2.77	3.59
经济增加值法	2.04	3.58	2.34	2.27	2.65	2.69	3.89
平衡计分卡	2.14	3.83	3.34	2.98	3.65	2.67	2.19
风险矩阵	0.86	2.87	1.97	0.37	0.98	1.57	1.36
风险清单	0.83	2.67	1.83	1.32	0.79	1.56	2.50

6. 相关分析

在对变量进行信度、效度以及结构方程模型检验之前，需要先对变量进行相关性分析，以初步检验变量之间是否相互影响。通过相关性分析，能够初步判断模型构建与假设是否合理，也可根据变量间的相关程度判断是否需要做共线性诊断。

本书运用 SPSS 19.0 软件分析管理会计工具方法、研发能力、组织运营能力、分销能力、供应商管理能力、顾客管理能力、社会责任履行能力、学习能力以及价值创造等潜在变量之间的相关关系。先计算出每个样本的潜在变量的算术平均值，再对潜在变量的算术平均值进行 Pearson 相关分析，结果如表 4-11 所示。其中，*MAT* 代表管理会计工具方法，*RD* 代表研发能力，*OC* 代表组织运营能力，*DC* 代表分销能力，*SMC* 代表供应商管理能力，*CMC* 代表顾客管理能力，*SR* 代表社会责任履行能力，*LA* 代表学习能力，*VC* 代表价值创造。通常而言，相关系数大于 0.7 为高度相关，介于 0.4 和 0.7 之间为中等相关，小于 0.4 为低度相关。

表 4-11　变量间相关关系

		MAT	*RD*	*OC*	*DC*	*SMC*	*CMC*	*SR*	*LA*	*VC*
MAT	Pearson 相关性	1.000	0.489	0.548	0.448	0.455	0.434	0.344	0.473	0.463
	显著性（双侧）		0.000	0.000	0.000	0.000	0.000	0.000	0.000	0.000
RD	Pearson 相关性	0.489	1.000	0.228	0.370	0.235	0.076	0.170	0.296	0.286
	显著性（双侧）	0.000		0.002	0.000	0.001	0.301	0.020	0.000	0.000
OC	Pearson 相关性	0.548	0.228	1.000	0.578	0.704	0.691	0.674	0.668	0.652
	显著性（双侧）	0.000	0.002		0.000	0.000	0.000	0.000	0.000	0.000
DC	Pearson 相关性	0.448	0.370	0.578	1.000	0.728	0.568	0.537	0.543	0.493
	显著性（双侧）	0.000	0.000	0.000		0.000	0.000	0.000	0.000	0.000
SMC	Pearson 相关性	0.455	0.235	0.704	0.728	1.000	0.692	0.628	0.592	0.624
	显著性（双侧）	0.000	0.001	0.000	0.000		0.000	0.000	0.000	0.000
CMC	Pearson 相关性	0.434	0.076	0.691	0.568	0.692	1.000	0.699	0.671	0.711
	显著性（双侧）	0.000	0.301	0.000	0.000	0.000		0.000	0.000	0.000
SR	Pearson 相关性	0.344	0.170	0.674	0.537	0.628	0.699	1.000	0.719	0.704
	显著性（双侧）	0.000	0.020	0.000	0.000	0.000	0.000		0.000	0.000
LA	Pearson 相关性	0.473	0.296	0.668	0.543	0.592	0.671	0.719	1.000	0.774
	显著性（双侧）	0.000	0.000	0.000	0.000	0.000	0.000	0.000		0.000

续表

		MAT	RD	OC	DC	SMC	CMC	SR	LA	VC
VC	Pearson 相关性	0.463	0.286	0.652	0.493	0.624	0.711	0.704	0.774	1.000
	显著性（双侧）	0.000	0.000	0.000	0.000	0.000	0.000	0.000	0.000	

注：$p < 0.001$ 在 1% 的显著性水平（双侧）下显著相关；$p < 0.01$ 在 5% 的显著性水平（双侧）下显著相关；$p < 0.05$ 在 10% 的显著性水平（双侧）下显著相关。

从表 4-11 可知，管理会计工具方法与研发能力、组织运营能力、分销能力、供应商管理能力、顾客管理能力、社会责任履行能力、学习能力、价值创造之间呈现中等相关关系，与组织运营能力的相关性最高，相关系数为 0.548；与社会责任履行能力之间呈现低度相关关系，相关系数为 0.344。研发能力与其余 7 个变量之间呈现低度相关关系，相关系数大多在 0.400 以下。组织运营能力与供应商管理能力之间呈现高度相关关系，相关系数为 0.704，与其余 5 个变量之间呈现中等相关关系。分销能力与供应商管理能力之间呈现高度相关关系，相关系数为 0.728，与其余 4 个变量之间呈现中等相关关系。供应商管理能力与顾客管理能力、社会责任履行能力、学习能力、价值创造之间呈现中等相关关系，相关系数均在 0.500 以上。顾客管理能力与价值创造之间具有高度相关关系，相关系数为 0.711，与学习能力、社会责任履行能力之间呈现中等相关关系。学习能力与社会责任履行能力、价值创造之间呈现高度相关关系，相关系数分别为 0.719 和 0.774。社会责任履行能力与价值创造之间呈现高度相关关系，相关系数为 0.704。

本书所提出的变量之间的相关性均较为明显，初步判断本书模型和假设具有合理性。

第六节　正式问卷信度与效度分析

在结构方程中，潜在变量是无法直接观察到的，因此又被称为无法观察的变量或层面等。因为潜在变量的无法观察性，就需要通过观察变量（又称可测变量、显性变量等）进行测量。观察变量可以通过直接观察或直接测量而获得，通常表现为调查问卷中的量表。在本书中，管理会计工具方法和价值创造关键因素中的研发能力、运营能力、分销能力、供应商管理能力、顾客管理能力、社会责任履行能力、学习能力，以及企业价值创造均是无法直接观测到的潜在变量，它们需要通过调查问卷中各自的测项进行度量。而量表中的测项结果能否可靠反映潜在变量，以及反映的有效程度均需要进行检验。因此，需要对问卷中量表的信度与效度进行检验，这是结构方程中假设检验之前必须进行的重要一步。

一　信度分析

信度分析又称可靠性检验，用于检验问卷测项结果与潜在变量之间的一致性和稳定性。信度越高，量表的测量标准误就越小。常用的检测方法是 Cronbach's alpha 系数（McNamara，1998），它可以用于衡量整个量表的一致性程度。α 信度系数越大，表明量表的可信度越高。α 值为 0.60 ~ 0.65 表示信度不高，最好删除；α 值为 0.65 ~ 0.70 是信度的最低可接受范围；α 值为 0.70 ~ 0.80 表示信度相当好；α 值为 0.80 ~ 0.90 则表示信度非常好。Cronbach's alpha 系数与量表的测量题项数正相关，因此，题项越多，信度越高，但当测量量表中的题项数小于 6 个且 α 信度系数大于 0.6 时，也是可以接受的（McNamara，1998）。本书将 Cronbach's alpha 系数作为量表信度的判断标准，采用 SPSS 19.0 数据分析软件对量表及其测量题项的信度进行检验。

1. 管理会计工具方法量表信度分析

管理会计工具方法包括战略管理、预算管理、成本管理、营运管理、投融资管理、绩效管理和风险管理 7 个维度的 26 种具体工具方法，通过 SPSS 19.0 对管理会计工具方法各个维度量表的信度和分项对总项的相关系数进行检验，管理会计工具方法的信度分析结果见表 4 - 12。

表 4 - 12　管理会计工具方法的信度分析结果

量表题项	校正的项总计相关性	项已删除的 α 值	α 信度系数
SM 绘制战略地图，并根据战略地图确定企业战略重点	0.634	0.970	
VCM 对各价值链节点（采购、设计、生产、销售和售后服务等）进行分析管理，精简作业环节，并关注供应商和竞争对手	0.731	0.966	
RB 预算编制逐期向后滚动，始终保持固定周期	0.701	0.946	
ZBB 以零为起点编制预算	0.640	0.970	
FB 在分析业务量与预算项目之间数量关系的基础上，分别确定不同业务量及其对应的预算项目数	0.762	0.963	
OB 将企业生产流程划分作业，并制定作业预算	0.709	0.969	
CB 编制经营预算、财务预算和资本性支出预算等，并由各部门各级人员全员参与预算编制	0.624	0.970	
TCM 给定价格和期望利润水平，进而确定目标成本，设计运营流程	0.724	0.910	
SCM 标准成本的制定、标准成本与实际成本的差异的计算和分析	0.745	0.964	
VCW 成本核算区分变动生产成本和固定生产成本，变动生产成本计入产品成本，固定生产成本和非生产成本不计入产品成本	0.727	0.924	
ABC 将企业生产流程划分作业，并计算作业成本和产品成本	0.717	0.962	
LCM 量化和分析整个生命周期（产品需求、规划设计、生产经营、回收处置）的所有成本	0.786	0.969	
CVP 利用成本、销售数量、价格和利润之间的关系制订销售和生产计划	0.764	0.918	
SA 对影响目标利润、成本或销量等实现的因素变化进行量化分析，以确定各因素变化对目标的影响及其敏感程度	0.738	0.935	
MA 在评价既定产品或项目的获利水平时，对产品或项目的可变因素的变动引起其他相关可变因素变动的情况进行分析	0.796	0.926	
MDP 对经营成果，按照区域、产品、部门、顾客、渠道、员工等维度进行计量，并分析盈亏动因	0.705	0.938	
BM 参照标杆企业先进的业务流程和管理方式，不断改进和创新	0.768	0.969	
TQM 系统地、持续地促进产品质量、流程和服务的全面质量管理	0.773	0.953	

续表

量表题项	校正的项总计相关性	项已删除的 α 值	α 信度系数
DCF 在投资项目的决策中，考虑项目各期现金流入、流出的现值，并将其作为决策的依据	0.775	0.914	
PM 在项目管理过程中，邀请项目参与者共同合作，通过挣值法、成本效益法或价值工程法对各项资源进行计划、组织、协调和控制	0.740	0.953	
COC 对资本筹集费用和占用费用进行分析	0.691	0.921	
KPI 在绩效指标的制定中，通过对企业战略目标、关键成果领域的绩效特征分析，选择最能有效驱动企业价值创造的指标	0.773	0.969	
EVA 按照国资委或监管机关的要求，利用经济增加值对企业自身业绩进行评价	0.743	0.962	
BSC 将财务、顾客、内部流程和学习创新四个维度作为绩效评价的依据	0.637	0.935	
RM 按照风险发生的可能性和风险发生后果的严重程度，绘制风险及其等级矩阵图	0.777	0.875	
RL 根据自身战略、业务特点和风险管理要求等，以表单形式进行风险识别、风险分析、风险应对、风险报告和沟通等管理活动	0.772	0.956	
管理会计工具方法总信度			0.970

根据表 4-12 可知，管理会计工具方法分量表的总信度为 0.970 大于 0.900，说明信度非常好。校正的项总计相关性也称为 CITC 值，表示测量题项的相关关系情况，通常此值大于 0.4，即说明某题项与另外的题项间有着较高的相关性，那么可以保留该项。本书中管理会计工具方法的 26 个题项的 CITC 值均符合保留标准，除此之外，项已删除的 α 值均小于等于测量题项的总信度 0.970，也说明这些题项不需要删除，管理会计工具方法量表整体符合研究要求。

2. 价值创造关键因素量表信度分析

价值创造关键因素分为研发能力、组织运营能力、分销能力、供应商管理能力、顾客管理能力、社会责任履行能力和学习能力 7 个维度，各维度量表的信度和分项对总项的相关系数检验结果见表 4-13。

表 4 – 13　价值创造关键因素的信度分析结果

量表题项	校正的项总计相关性	项已删除的 α 值	α 信度系数
研发能力			0.827
RD1 研发资金占总资产比重	0.683	0.788	
RD2 研发人员占总人员比重	0.726	0.782	
RD3 研发人员学历程度	0.639	0.799	
RD4 研发人员从事研发工作时间	0.604	0.801	
RD5 专利获批数量	0.783	0.773	
RD6 新产品研发成本	− 0.390	0.918	
RD7 自创研发机构数量	0.813	0.768	
RD8 与科研机构、院校等共建的研发平台数量	0.826	0.766	
组织运营能力			0.892
OC1 根据订单需求进行材料采购	0.518	0.893	
OC2 具有严格的库存管理方法	0.711	0.875	
OC3 具有有效的成本控制方法	0.767	0.871	
OC4 具有避免浪费的各种措施	0.744	0.874	
OC5 部门之间、上下级之间的信息传递速度较快	0.704	0.876	
OC6 具有有效的产品质量控制方法	0.806	0.868	
OC7 具有有效的绩效管理方法	0.726	0.874	
OC8 具有一系列决策的程序和拥有决策能力的高级管理人员	0.662	0.879	
OC9 组织层级较少	0.276	0.908	
分销能力			0.796
DC1 具有稳定的分销网络，能及时地将产品营销给下游顾客	0.625	0.739	
DC2 有多套产品的广告、促销等方案且灵活多变	0.656	0.710	
DC3 分销过程具有有效的产品质量控制方法	0.748	0.606	
供应商管理能力			0.840
SMC1 与关键供应商共享市场情报信息	0.687	0.797	
SMC2 与关键供应商实时协调物流活动	0.756	0.780	
SMC3 邀请关键供应商参与研发设计产品	0.589	0.825	
SMC4 与关键供应商协调制订生产计划	0.657	0.804	
SMC5 努力与供应商建立长期的合作关系	0.552	0.832	
顾客管理能力			0.876

续表

量表题项	校正的项总计相关性	项已删除的 α 值	α 信度系数
CMC1 与顾客积极互动以提高产品或服务质量	0.679	0.865	
CMC2 努力与顾客建立长期的合作关系	0.781	0.822	
CMC3 具有一套识别和快速响应顾客需求的程序	0.751	0.834	
CMC4 为顾客提供的产品或服务没有质量问题	0.730	0.844	
社会责任履行能力			0.897
SR1 响应政策法规对企业社会责任履行的要求	0.755	0.873	
SR2 重视利益相关者的诉求	0.763	0.870	
SR3 关注社会责任履行带来的经济利益	0.795	0.858	
SR4 高级管理者具备一定的社会责任意识	0.773	0.867	
学习能力			0.883
LA1 具有能够激发员工主动成长的组织管理模式	0.781	0.825	
LA2 员工具有自我超越意识	0.773	0.833	
LA3 企业经常进行团体学习	0.762	0.842	
LA4 企业与员工具有共同的愿景	0.758	0.836	
价值创造关键因素总信度			0.972

从表 4-13 中可以看出，研发能力、组织运营能力、分销能力、供应商管理能力、顾客管理能力、社会责任履行能力和学习能力 7 个维度的 α 信度系数分别为 0.827、0.892、0.796、0.840、0.876、0.897 和 0.883，价值创造关键因素总信度为 0.972，均大于 0.800 的标准，说明这 7 个维度的量表信度较高，表明价值创造关键因素的内部一致性水平较高。其中"RD6 新产品研发成本"和"OC9 组织层级较少" CITC 值在 0.4 以下，应予以删除。"OC1 根据订单需求进行材料采购"项已删除的 α 值 0.893 大于组织运营能力的 α 信度系数 0.892，也应予以删除。其余测项均符合要求，价值创造关键因素量表整体符合研究要求。

3. 价值创造量表信度分析

价值创造量表主要包括 8 项，其具体信度分析结果见表 4-14。

表 4 - 14　价值创造的信度分析结果

量表题项	校正的项总计相关性	项已删除的 α 值	α 信度系数
VC1 注重打开新的市场	0.723	0.867	
VC2 能有效获得新顾客	0.714	0.868	
VC3 一贯开发新产品或服务	0.653	0.876	
VC4 产品具有较高的市场占有率	0.667	0.874	
VC5 通过优化管理流程降低成本	0.664	0.874	
VC6 经常影响顾客的购买决定	0.679	0.872	
VC7 通过经营活动提高短期盈利能力	0.678	0.872	
VC8 具有长期的竞争优势	0.723	0.867	
价值创造总信度			0.972

从表 4 - 14 的信度分析中可以看出，价值创造总信度为 0.972，大于 0.800 的标准，说明价值创造的量表信度较高。校正的项总计相关性均在 0.500 以上，高于 0.400 的标准值，说明没有需要删除的测项，价值创造量表整体符合研究要求。

二　效度分析

效度分析的目的是判断观察变量是否真实地反映了潜在变量的真正特征，即测量是否有效。效度分析分为内容效度分析和结构效度分析。内容效度分析是分析题项与潜在变量内容是否一致，一般从理论角度判断题项与潜在变量在内容上的一致性。由于本书选取的测项绝大多数建立在其他学者研究的基础之上，并进行了理论分析，所以，题项和潜在变量在内容上应该是一致的，具有可靠的内容效度。结构效度分析常用因子分析方法检验量表中测量项目的结构效度，即量表中的测项所反映的潜在变量的真实性和有效性。通过结构方程中的因子分析方法，从测项中分离、提取具有共同特质的因子，如果共同因子与潜在变量特质相近，则测项具有较好的结构效度。因子分析可以反映量表的结构效度。

测项是否适合做因子分析，需要通过 KMO 值进行判断，如果

KMO 值在 0.7 以上，则适合做因子分析；在 0.6 ~ 0.7 不太适合；在 0.5 ~ 0.6 勉强适合；在 0.5 以下表明样本适配性不佳，不可进行因子分析。如果 KMO 值表明适合做因子分析，还需分析每个测量变量的因子载荷值，如果每个测量变量的因子载荷值也超过 0.7，则说明问卷具有良好的效度。因子分析的评价指标包括因子载荷值和累计解释方差。以下对每一潜在变量及其测项分别做效度分析。

1. 价值创造关键因素效度分析

通过验证性因子分析对价值创造关键因素能力的 7 个维度，即研发能力、组织运营能力、分销能力、供应商管理能力、顾客管理能力、社会责任履行能力和学习能力的各自效度分别进行分析。研发能力的 KMO 检验和 Bartlett 球度检验结果如表 4 – 15 所示，其因子载荷矩阵如表 4 – 16 所示。

表 4 – 15　研发能力的 KMO 检验与 Bartlett 球度检验

检验方法		检验结果
KMO 检验		0.793
Bartlett 球度检验	卡方值	254.52
	自由度	6
	相伴概率	0.000

表 4 – 16　研发能力因子载荷矩阵

测项	因子载荷值
RD1	0.765
RD2	0.872
RD3	0.822
RD4	0.819
RD5	0.753
RD7	0.824
RD8	0.815

注：RD6 在信度分析中已被删除。

从表 4 – 15 中可以看出，研发能力的 KMO 值为 0.793，在 0.7 以上，卡方值为 254.52，相伴概率 0.000 小于 0.001，适宜做因子分析。表 4 – 16 中测项 $RD1$、$RD2$、$RD3$、$RD4$、$RD5$、$RD7$ 和 $RD8$ 的因子载荷值均超过 0.7，研发能力分量表的结构效度良好。

本节分别对价值创造关键因素中的其他 6 个维度——组织运营能力、分销能力、供应商管理能力、顾客管理能力、社会责任履行能力和学习能力进行了 KMO 检验与 Bartlett 球度检验，并计算了因子载荷值。KMO 值均在 0.7 以上，因子载荷值均超过 0.7，表明各分量表的结构效度均良好。

2. 管理会计工具方法效度分析

同样采用上述方法对管理会计工具方法应用领域中的战略管理、预算管理、成本管理、营运管理、投融资管理、绩效管理和风险管理量表进行 KMO 检验与 Bartlett 球度检验，并计算因子载荷值，管理会计工具方法各分量表的 KMO 值均大于 0.7，测项的因子载荷值均超过0.7，管理会计工具方法各分量表的结构效度良好。

3. 价值创造效度分析

价值创造的 KMO 检验和 Bartlett 球度检验结果如表 4 – 17 所示，价值创造因子载荷矩阵如表 4 – 18 所示。

表 4 – 17　价值创造的 KMO 检验与 Bartlett 球度检验

检验方法		检验结果
KMO 检验		0.725
Bartlett 球度检验	卡方值	179.83
	自由度	3
	相伴概率	0.000

表 4 – 18　价值创造因子载荷矩阵

测项	因子载荷值
$VC1$	0.725
$VC2$	0.737
$VC3$	0.812

测项	因子载荷值
VC4	0.869
VC5	0.754
VC6	0.726
VC7	0.836
VC8	0.739

从表 4 - 17 中可以看出，价值创造的 KMO 值为 0.725，在 0.7 以上，卡方值为 179.83，相伴概率 0.000 小于 0.001，适宜做因子分析。表 4 - 18 中各测项的因子载荷值均超过 0.7，价值创造分量表的结构效度良好。

通过上述分析可知，管理会计工具方法、价值创造关键因素和价值创造分量表均适合做因子分析，且各维度的因子载荷值均超过 0.7，具有良好的结构效度。为使效度检验的结果更加可靠，本书对管理会计工具方法、价值创造关键因素和价值创造的聚合效度和区分效度进行分析，进一步对量表的结构效度进行分析。

由表 4 - 19 可知，管理会计工具方法、价值创造关键因素与价值创造的标准化因子载荷值均大于 0.7，t 值大多大于 1.96，达到显著性水平，聚合效度均大于 0.7，评价提炼方差均大于 0.5 的标准值，表明量表的聚合效度好。其中，RD4、VC8 和 LA4 的 t 值没有达到标准，需要删掉。

表 4 - 19　管理会计工具方法、价值创造影响因素和价值创造的聚合效度检验结果

潜在变量	测项	标准化因子载荷值	t 值	聚合效度	评价提炼方差
研发能力 RD	RD1	0.724	9.625	0.851	0.517
	RD2	0.723	9.873		
	RD3	0.715	9.734		
	RD4	0.704	0.642		
	RD5	0.758	9.021		
	RD7	0.712	8.735		
	RD8	0.723	8.760		

续表

潜在变量	测项	标准化因子载荷值	t 值	聚合效度	评价提炼方差
组织运营能力 OC	OC2	0.782	9.809	0.782	0.579
	OC3	0.773	8.923		
	OC4	0.718	8.733		
	OC5	0.783	8.945		
	OC6	0.725	8.926		
	OC7	0.756	8.476		
	OC8	0.759	9.928		
分销能力 DC	DC1	0.803	9.012	0.806	0.548
	DC2	0.875	9.354		
	DC3	0.834	8.340		
供应商管理能力 SMC	SMC1	0.823	8.345	0.837	0.558
	SMC2	0.812	8.769		
	SMC3	0.883	8.745		
	SMC4	0.753	8.103		
	SMC5	0.756	8.930		
顾客管理能力 CMC	CMC1	0.806	8.449	0.854	0.546
	CMC2	0.782	9.015		
	CMC3	0.803	8.764		
	CMC4	0.756	9.024		
社会责任履行能力 SR	SR1	0.879	8.920	0.795	0.510
	SR2	0.725	8.627		
	SR3	0.817	8.734		
	SR4	0.711	8.635		
学习能力 LA	LA1	0.752	9.030	0.801	0.573
	LA2	0.712	9.103		
	LA3	0.763	9.562		
	LA4	0.804	0.337		
价值创造 VC	VC1	0.732	9.723		
	VC2	0.784	9.935		
	VC3	0.725	9.204		

续表

潜在变量	测项	标准化因子载荷值	t 值	聚合效度	评价提炼方差
价值创造 VC	VC4	0.772	9.780	0.789	0.502
	VC5	0.836	8.934		
	VC6	0.776	8.989		
	VC7	0.804	9.237		
	VC8	0.792	0.902		
管理会计工具方法 MAT	SM	0.783	9.238	0.773	0.559
	VCM	0.785	9.203		
	RB	0.752	8.974		
	ZBB	0.847	9.673		
	FB	0.826	8.654		
	OB	0.874	9.683		
	CB	0.836	9.238		
	TCM	0.826	8.308		
	SCM	0.721	8.027		
	VCW	0.794	9.367		
	ABC	0.822	8.397		
	LCM	0.826	8.465		
	CVP	0.799	8.073		
	SA	0.847	8.863		
	MA	0.882	9.374		
	MDP	0.734	9.072		
	BM	0.792	8.342		
	TQM	0.763	8.223		
	DCF	0.831	9.571		
	PM	0.774	9.372		
	COC	0.805	9.434		
	KPI	0.839	8.450		
	EVA	0.856	8.378		
	BSC	0.812	9.024		
	RM	0.775	8.965		
	RL	0.803	9.676		

从表 4 - 20 可知，价值创造、价值创造关键因素和管理会计工具方法各潜在变量的评价提炼方差的算术平方根均大于其他潜在变量的相关系数，因此，量表的区分效度较好。

表 4 - 20　区分效度检验结果

	RD	OC	DC	SMC	CMC	SR	LA	VC	MAT
RD	0.824								
OC	0.786	0.782							
DC	0.715	0.762	0.721						
SMC	0.672	0.732	0.256	0.724					
CMC	0.654	0.671	0.653	0.663	0.761				
CS	0.722	0.672	0.235	0.432	0.462	0.772			
LA	0.563	0.663	0.343	0.239	0.387	0.663	0.716		
VC	0.772	0.532	0.4732	0.432	0.526	0.358	0.623	0.783	
MAT	0.576	0.536	0.134	0.234	0.632	0.689	0.374	0.348	0.753

第七节　模型拟合与检验

一　变量因子结构检验

本书利用结构方程模型软件对模型进行拟合，构建管理会计工具方法、研发能力、组织运营能力、分销能力、供应商管理能力、顾客管理能力、社会责任履行能力和学习能力各潜在变量的因子结构。

本书管理会计工具方法有 26 个题项，价值创造关键因素能力有37 个题项，价值创造有 8 个题项，总计 71 个题项。在运用 SPSS 19.0软件进行样本的描述性统计以及信度、效度检验以后，发现在研发能力维度应该删除题项"新产品研发成本""研发人员从事研发工作时间"，在组织运营能力维度应该删除题项"根据订单需求进行材料采购"和"组织层级较少"，在学习能力维度应删除"企业与员工具有共同的愿景"，在价值创造维度应删除"具有长期的竞争优势"，由于管理会计工具方法维度未进行题项删减，共剩余 65 个题项。

　　本书采用 Amos 21.0 软件，该软件通过构建结构方程模型的方法来对整个概念模型进行拟合检验，同时该软件能够分析变量的因子结构。在这样的情况下，得到的因子结构更为合理。本书涉及的潜在变量主要有管理会计工具方法、研发能力、组织运营能力、分销能力、供应商管理能力、顾客管理能力、社会责任履行能力、学习能力和价值创造。各变量的因子结构分析结果如图 4-2 至图 4-10 所示。

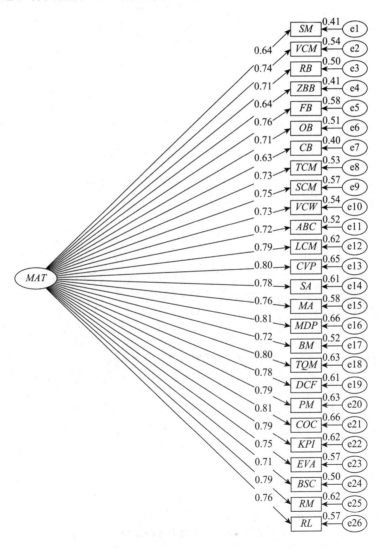

图 4-2　管理会计工具方法因子结构

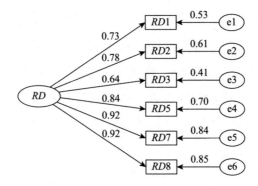

图 4 – 3　研发能力因子结构

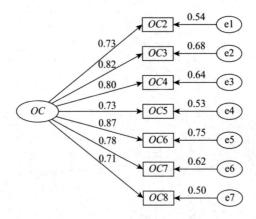

图 4 – 4　组织运营能力因子结构

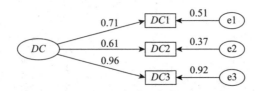

图 4 – 5　分销能力因子结构

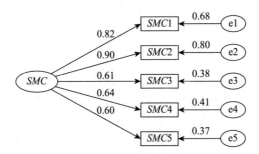

图 4 – 6 供应商管理能力因子结构

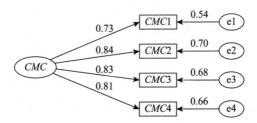

图 4 – 7 顾客管理能力因子结构

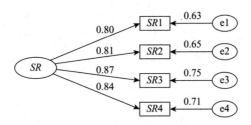

图 4 – 8 社会责任履行能力因子结构

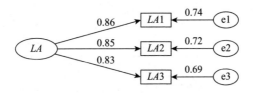

图 4 – 9 学习能力因子结构

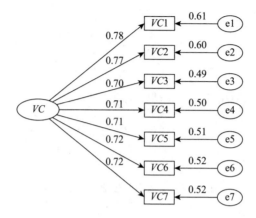

图 4 – 10　价值创造因子结构

进而用 t 值检验法，检验路径系数，以保证各潜在变量的结构模型符合要求。当 t 值大于 1.64 时，检验结果在 0.1 水平下显著；当 t 值大于 1.96 时，检验结果在 0.05 水平下显著；当 t 值大于 2.58 时，检验结果在 0.01 水平下显著。各潜在变量测项对潜变量的路径系数及 t 值如表 4 – 21 所示。

表 4 – 21　路径系数检验

潜在变量	测项	系数	t 值	检验结果
研发能力 RD	RD1	0.53	9.63	通过检验
	RD2	0.61	9.87	通过检验
	RD3	0.41	9.73	通过检验
	RD5	0.70	9.02	通过检验
	RD7	0.84	8.74	通过检验
	RD8	0.85	8.76	通过检验
组织运营能力 OC	OC2	0.54	9.81	通过检验
	OC3	0.68	8.92	通过检验
	OC4	0.64	8.73	通过检验
	OC5	0.53	8.95	通过检验
	OC6	0.75	8.93	通过检验
	OC7	0.62	8.48	通过检验
	OC8	0.50	9.93	通过检验

续表

潜在变量	测项	系数	t 值	检验结果
分销能力 DC	DC1	0.51	9.01	通过检验
	DC2	0.37	9.35	通过检验
	DC3	0.92	8.34	通过检验
供应商管理能力 SMC	SMC1	0.68	8.35	通过检验
	SMC2	0.80	8.77	通过检验
	SMC3	0.38	8.75	通过检验
	SMC4	0.41	8.10	通过检验
	SMC5	0.37	8.93	通过检验
顾客管理能力 CMC	CMC1	0.54	8.45	通过检验
	CMC2	0.70	9.02	通过检验
	CMC3	0.68	8.76	通过检验
	CMC4	0.66	9.10	通过检验
社会责任履行能力 SR	SR1	0.63	8.92	通过检验
	SR2	0.65	8.63	通过检验
	SR3	0.75	8.73	通过检验
	SR4	0.71	8.66	通过检验
学习能力 LA	LA1	0.74	9.03	通过检验
	LA2	0.72	9.10	通过检验
	LA3	0.69	9.56	通过检验
价值创造 VC	VC1	0.61	9.72	通过检验
	VC2	0.60	9.94	通过检验
	VC3	0.49	9.20	通过检验
	VC4	0.50	9.78	通过检验
	VC5	0.51	8.93	通过检验
	VC6	0.52	8.99	通过检验
	VC7	0.52	9.24	通过检验
管理会计工具方法 MAT	SM	0.41	9.24	通过检验
	VCM	0.54	9.20	通过检验
	RB	0.50	8.97	通过检验
	ZBB	0.41	9.67	通过检验
	FB	0.58	8.65	通过检验

潜在变量	测项	系数	t 值	检验结果
管理会计工具方法 MAT	OB	0.51	9.68	通过检验
	CB	0.40	9.24	通过检验
	TCM	0.53	8.31	通过检验
	SCM	0.57	8.03	通过检验
	VCW	0.54	9.37	通过检验
	ABC	0.52	8.40	通过检验
	LCM	0.62	6.63	通过检验
	CVP	0.65	8.07	通过检验
	SA	0.61	8.86	通过检验
	MA	0.58	9.37	通过检验
	MDP	0.66	9.07	通过检验
	BM	0.52	8.34	通过检验
	TQM	0.63	8.62	通过检验
	DCF	0.61	9.57	通过检验
	PM	0.63	9.37	通过检验
	COC	0.66	9.43	通过检验
	KPI	0.62	8.45	通过检验
	EVA	0.57	8.38	通过检验
	BSC	0.50	9.02	通过检验
	RM	0.62	8.97	通过检验
	RL	0.57	9.68	通过检验

上述各测项的 t 值均大于 2.58，均通过检验，且各潜在变量测项对潜变量的路径系数均为正值。

二　结构方程模型拟合度检验

本书要检验的是管理会计工具方法如何通过影响企业价值创造关键因素上的能力进而影响企业的价值创造。因此，将管理会计工具方法作为自变量、价值创造关键因素作为中介变量、价值创造作为因变量，构建结构方程。

　　首先需要对结构方程模型的拟合度进行检验。统计中常用的拟合度指标为卡方值（χ^2），但卡方值会受到样本量的影响，当样本量较大时，卡方值会失去判断效用，因此，需要结合 χ^2/df 进行评价。χ^2/df 越小越好，当 χ^2/df 小于 3 时，模型的拟合度较好；当 χ^2/df 为 3~5 时，模型可以接受；当 χ^2/df 大于 5 时，模型拟合度不好。但 χ^2/df 也会受到大样本量的影响，因此，还需要检验 RMSEA、GFI、NFI 等指标。RMSEA 表示近似误差均方根，其为 0.00~0.05 表示模型拟合度良好；为 0.05~0.08 表示模型拟合度可以；为 0.08~0.10 表示中度拟合；超过 0.10 表示模型拟合度不好，不适配。拟合优度指数（GFI）和常规拟合度（NFI）也是常用的模型拟合指数，两者的判断标准均为大于等于 0.90 表明拟合度较好，当拟合优度指数等于 1 时，表明模型拟合完美。

　　如表 4-22 所示，结构方程模型的 χ^2/df、拟合优度指数（GFI）、常规拟合度（NFI）和近似误差均方根（RMSEA）均达到标准，因此，模型的拟合度较好。

表 4-22　模型拟合度统计

评价指标	指标值
卡方值（χ^2）	526.35
自由度（df）	325
χ^2/df	1.62
拟合优度指数（GFI）	0.90
常规拟合度（NFI）	0.91
近似误差均方根（RMSEA）	0.06

三　结构方程模型路径系数分析

　　通过结构方程模型检验价值创造关键因素对企业价值创造总体评价的贡献程度，各观察变量的因子载荷值均在 0.01 的水平下显著，拟合度较好。价值创造关键因素与企业价值创造的路径系数如表 4 – 23 所示。

表 4 – 23 价值创造关键因素与价值创造的路径关系及检验结果

因变量	方向	潜变量	路径系数	结果
价值创造	←	研发能力	0.42	显著
价值创造	←	组织运营能力	0.53	显著
价值创造	←	分销能力	0.37	显著
价值创造	←	供应商管理能力	0.63	显著
价值创造	←	顾客管理能力	0.76	显著
价值创造	←	社会责任履行能力	0.87	显著
价值创造	←	学习能力	0.56	显著

从表 4 – 23 可知，研发能力、组织运营能力、分销能力、供应商管理能力、顾客管理能力、社会责任履行能力和学习能力对价值创造均具有显著影响，假设 2 得到检验。其中，社会责任履行能力和顾客管理能力与价值创造之间的路径系数最大，研发能力和分销能力与价值创造之间的路径系数最小。

从表 4 – 24 可以看出，管理会计工具方法对研发能力、组织运营能力、分销能力、供应商管理能力、顾客管理能力、社会责任履行能力和学习能力的路径系数均大于 0，且间接路径系数大于直接路径系数，说明管理会计工具方法通过研发能力、组织运营能力、分销能力、供应商管理能力、顾客管理能力、社会责任履行能力和学习能力来影响企业价值创造，假设 1、假设 3 和假设 4 得到检验。其中，研发能力的总路径系数最小，学习能力、顾客管理能力和社会责任履行能力的总路径系数较大。

表 4 – 24 管理会计工具方法、价值创造关键因素与价值创造的模型路径

自变量	中介变量	总路径	直接路径	间接路径
管理会计工具方法	研发能力	0.799	0.236	0.563

续表

自变量	中介变量	总路径	直接路径	间接路径
管理会计工具方法	组织运营能力	0.917	0.365	0.552
管理会计工具方法	分销能力	0.913	0.251	0.562
管理会计工具方法	供应商管理能力	0.929	0.342	0.587
管理会计工具方法	顾客管理能力	0.962	0.420	0.542
管理会计工具方法	社会责任履行能力	0.956	0.332	0.626
管理会计工具方法	学习能力	0.979	0.416	0.563

第八节　假设检验结果及讨论

从以上分析中可知，假设 1、假设 2、假设 3 和假设 4 均得到了验证。从上述分析中，可以得到以下检验结果。

第一，管理会计对价值创造的作用是通过管理会计工具的使用来促进价值创造关键因素能力，从而促进企业价值创造能力的。管理会计对价值创造的真实路径，是通过促进企业在价值创造关键因素上的能力而实现的。

第二，管理会计工具在企业得到了比较普遍的应用，但战略管理和风险管理工具的应用从被调查者所在企业来看比较有限。战略管理是连接企业价值创造各环节的战略性工具，战略管理工具方法使用有限令限制管理工具对价值创造的作用。风险管理工具可以提高企业防范风险的能力。

第三，企业的研发能力、组织运营能力、分销能力、供应商管理能力、顾客管理能力、社会责任履行能力和学习能力可以促进企业的价值创造能力。但从这些关键因素中可以看出，企业在研发的人力、物力等方面投入不足，研发能力弱于其他能力。分销能力对价值创造的贡献度也略显不足，这可能与企业在产业价值链上的位置有关。以医药企业为例，医药企业在价值链上具有主导地位，医药批发企业一般按医药企业的产量预定产品,可能导致医药企业不重视分销环节。但在医药卫生体制改革下,借助互联网改变分销模式是医药企业改革的方向。被调查者所在企业比较重视对顾客管理能力、社会责任履行能力的开发,这些方面对企业价值的贡献度也较高。

| 第五章 |

基于价值创造的管理会计应用体系构建

第一节　总体思路

实证分析部分检验了管理会计影响企业价值创造的路径是通过影响价值创造关键因素能力而实现的。因此，管理会计应用体系在设计时应符合促进价值创造关键因素能力的要求，能够提高关键因素能力对价值创造的贡献度。管理会计应用体系应该能够提高企业的研发能力和分销能力，选取有利于提高企业研发能力和分销能力的管理会计工具，并促进对战略管理和风险管理工具的使用。

对于企业而言，研发是其价值创造中的关键一环。从企业面临的外部环境来看，企业需要具有强而有力的研发能力，而从前文的实证分析部分可以看出，企业研发能力对其价值创造的贡献力不强。企业需要提高其研发能力。战略管理可以帮助企业进行正确的定位分析，确立正确的战略定位，并在此基础上进行资源配置，可以使企业将优势资源集中于研发环节。因此，企业首先应该加大对管理会计工具中战略管理工具的应用力度。

成本核算信息的准确性是管理会计工具有效应用的前提。而在本书前期的调查中，发现很多企业的成本核算系统没有区分成本信息的财务会计属性和管理会计属性，因而，无法为管理会计提供所需的信息，大大降低了管理会计工具应用的有效性。成本信息是管理的基础，因而，企业应该建立一个以内部管理为目标的、有效的成本核算系统。

战略目标为企业指明了长期的发展方向，战略目标需要落实到预算上，而能否实现战略目标和预算依赖于企业的绩效管理系统。平衡计分卡既是一种有效落实企业战略目标的方法，也是一种有效的绩效考核方法。它将企业的战略目标、预算与企业的绩效紧密相连，有助于实现企业的战略目标，通过绩效考核引导企业员工向着企业战略目标前行。因此，企业可以通过使用平衡计分卡，提高企业战略目标、预算、控制和绩效考核之间的紧密联系，使企业的战略目标能够有效落实。

从管理会计工具应用的角度看，风险管理领域的工具使用频率较低。在数字化经济下，经济形势瞬息万变，企业所处的环境日益复杂、面临的风险也日益增大。因此，企业有必要建立完善的风险管理体系，加强风险防控能力。

第二节 提高战略管理工具对价值创造的有效性

战略管理工具主要包括战略地图和价值链管理。战略成本管理有效地将两者联系在一起，可以实现战略和成本控制的结合，有利于企业战略管理水平的提高。因此，可以通过完善战略成本管理来提高战略管理工具对企业价值创造的贡献度。

一 战略成本管理理论的产生

战略成本管理产生于 20 世纪 80 年代，于 20 世纪 90 年代快速发展；最初由英国学者肯尼斯·西蒙兹（Kenneth Simmonds）提出；之后，美国哈佛商学院教授迈克尔·波特（Michael Porter）将价值链理论与之结合，将价值链分析运用于战略成本管理；1995 年，英国克兰菲尔德管理学院提出将战略成本管理运用于战略定位的方案选择上；1998 年，英国教授罗宾·库珀（Robin Gooperand）将作业成本制度与战略成本管理相结合，从此战略成本管理形成了一个较为完备的理论体系。

20 世纪 80 年代以来，企业管理者发现战略是企业生存和获得长期竞争优势的根本所在，企业必须制定自己明确的战略，企业管理必须围绕战略的实现进行。波特提出"战略是公司为之奋斗的一些终点与公司为达到它们而寻求的途径的结合物"。战略具有计划性、全局性和长期性。企业只有在变化中不断调整战略，保持健康的发展活力，并将这种活力转变成惯性，通过有效的战略不断表达出来，才能获得并持续强化竞争优势，构筑企业的成功。战略是 21 世纪企业发展的主题，因此，企业首先应该制定自己的战略，围绕战略配置自己的资源，并对资源实施管理。

二 战略成本管理的核心和构成

战略成本管理的核心是从企业战略角度出发，利用成本信息对企业成本的形成与控制进行分析和管理，以使企业获得长期的竞争优势。桑克模式将战略成本管理工具分为战略定位分析、价值链分析和成本动因分析。战略成本管理是一个完备和严密的成本管理体系，战略定位分析、价值链分析和成本动因分析三者密切相关。首先，战略定位分析是价值链分析和成本动因分析的起点，只有进行正确的战略定位，企业才能合理规划和组织价值链、集中优势资源于价值增值的节点、消除非增值作业、严格控制成本。战略定位分析也是整个战略成本管理的核心，是企业获得竞争优势的关键所在。如果企业的战略定位错误，随之采取的任何方法都会偏离方向，无法使企业在激烈的市场竞争中获得优势。其次，成本动因分析融于价值链分析中，内部价值链分析是按产品价值形成的过程对每一价值创造活动中的增值作业和非增值作业进行分析，其目的是最大限度地增加价值和降低成本。而成本动因分析可以帮助企业找出资源和作业耗费的原因，从日常经营活动和规模结构上对成本进行控制。最后，成本动因分析并不悖于价值链分析，成本动因分析也支持价值增值，并不是一味地谋求成本的降低，它们共同服务于战略成本管理的核心目标——使企业获得长期竞争优势。因此，当价值链上的某一活动可以带来产品价值的大量增加、实现产品的顾客价值时，企业可以将优势资源集中于这一活动。

三　战略成本管理的实施步骤

1. 制定公司战略

影响企业战略的第一个因素应该是愿景规划。使命、核心价值观和愿景是愿景规划的三个组成部分，也是一个企业最核心的部分。在战略制定的过程中，使命和愿景始终指引着战略制定的方向，决定着战略要求；而核心价值观引导着战略的思考方式以及执行策略。影响企业战略的第二个因素是外部环境，此处的外部环境包括宏观环境和产业环境。

战略制定的体系可以包含四个层面，即基础分析、企业战略、业务战略以及职能战略，这四个层面并未脱离经典的战略制定框架。基础分析指的是内外部环境分析，企业战略指的是企业层面的整体战略，业务战略指的是业务层面的总体战略和进一步细分层面的战略，职能战略指的是职能管理层面的战略。这四个层面相互关联、自成逻辑体系。

2. 建立战略成本管理体系

战略成本管理的核心是从企业战略角度出发，利用成本信息对企业成本的形成与控制进行分析和管理，以使企业获得长期的竞争优势。战略成本管理方法通常包括战略定位分析、价值链分析和成本动因分析。战略定位分析常用的分析方法包括 SWOT 分析法和波特五力分析模型。通过战略定位分析，企业可以确定自己的竞争战略，如成本领先战略、产品差异化战略和聚焦战略。价值链分析包括内部价值链分析、横向价值链分析和纵向价值链分析。价值链分析的核心是将一个作业链中的价值链进行分解并分析与其相关联的战略活动，更好地理解该过程所带到的差异性和成本的实质性质，价值链分析可以帮助企业确定自身竞争优势。战略成本管理的成本动因分析是建立在作业划分的基础上，根据成本动因对成本进行控制。战略成本动因分为结构性成本动因和执行性成本动因。结构性成本动因是指决定企业基础经济结构的成本动因；而执行性成本动因指的是决定企业作业程序的成本动因，是在确定结构性成本动因以后才建立的，这类成本动因多属非量化的成本动因，其对成本的影响因企业自身情况而异。

战略成本管理体系构建的关键点在于：明确战略成本管理的目标和核心，正确处理创新和成本管控之间的关系。战略成本管理的目标是使企业获得长期竞争优势，而企业的长期竞争优势表现为长期的盈利能力，企业要获得长期盈利能力取决于企业长期的收入增长能力和成本的持续降低能力。收入能否实现取决于顾客。随着顾客需求的不断提高，企业收入的增长更多地取决于产品的创新。企业的创新能力不仅包括产品的创新，也包括经营管理的创新、营销手段的创新等。但在这些方面的创新具有较易模拟性，而且有的创新不受法律保护，而核心技术难于模拟的产品具有法律保护性。因此，企业竞争优势更多地取决于产品的创新和企业的研发能力。战略成本管理的核心在于权衡产品的创新能力和成本管控能力。产品的创新需要耗费资源，而成本管控的目标是控制资源的耗费，两者似乎背道而驰，但在战略成本管理下，两者并不相悖。如果只强调创新能力，而不进行成本管控，大量的资源耗费会使企业逐渐丧失创新能力；如果只强调成本管控，不重视创新，企业必然走向灭亡。战略成本管理可以通过成本管控降低其他环节的资源耗费，为产品创新提供资源保障。

四 战略成本管理的权变性

战略成本管理离不开权变性，离不开对经营环境的准确把握。无论是战略定位分析、价值链分析还是成本动因分析，都需要根据环境而变。战略定位分析只有关注外部环境的变化，才能具有正确的战略定位。而只有了解外部环境，才能对价值链管理方法和成本管控方法进行创新。

制度理论和权变理论是对管理会计影响较为深刻的两个理论。权变理论产生于 20 世纪 70 年代。权变理论认为，当企业的环境发生改变时，企业的管理方式也应该随之发生改变。没有一成不变的、普遍适用的管理理论和方法，任何理论和方法都必然随着环境的改变而做出适时的变化和调整。根据权变理论的要求，作为管理会计分支的战略成本管理会计，其理论和方法也应随着环境的改变而改变。战略成本管理会计自其产生以来得到了广泛的应用。然而，企业经营环境的不断变化要求企业在应用战略成本管理方法时，应该与环境变化相适应。根据权变理论的要求，只有依据环境的变化对企业的战略成本管理方法进行改进和创新，由此才能实现战略成本管理的目标——使企业获得长期竞争优势。

苹果公司和小米公司是两家著名的高科技和互联网公司，它们的成功在很大程度上取决于其因时而变的战略成本管理方法。因此，本书选取了苹果公司和小米公司作为案例对象进行研究，并通过比较苹果公司与小米公司来研究它们是如何根据环境的变化来进行战略成本管理创新的。

1. 苹果公司的战略成本管理

苹果公司最初由史蒂夫·乔布斯（Steven Paul Jobs）等人在 1976

年成立，成立之初的主要业务是开发和销售个人电脑。仅四年的时间，苹果公司迅速崛起，苹果电脑成为当时最著名的电脑品牌之一，苹果公司进入了世界 500 强。然而好景不长，1985 年开始，苹果公司经历了低谷期，到 1993 年苹果电脑的市场占有率仅为 5%。2001 年以后，苹果公司做出了一项重大决策——将工作的重心转移到智能手机的研发上。2007 年，苹果公司推出了自己的第一款手机——iPhone。iPhone 将上网和手机结合起来，集通信、娱乐、购物、健康等多功能于一体，使手机成为可移动的掌中电脑。至此，手机从功能机时代进入了智能机时代。苹果公司对手机时代的跨越做出了重大贡献。iPhone 的推出使苹果公司迅速抢占手机市场，在三个月的时间内，苹果公司迅速成为全球第三大移动设备厂商，并成为全球第一大智能机厂商。2012 ~ 2016 年，苹果公司均为全球最大市值公司，苹果公司重创辉煌。2014 年始，苹果公司连续 3 年被评为全球最有价值品牌，垄断了智能手机市场绝大部分利润。而苹果公司的逆转与苹果公司优秀的战略成本管理不可分割。

（1）优异的战略定位使苹果公司重获生机

战略定位分析是战略成本管理的起点，企业只有进行正确的战略定位，才能确定自己的竞争优势，才能依据自己的竞争优势进行价值链管理和成本管控。常用的战略定位分析方法是 SWOT 分析法。SWOT 分析法对企业内部的优势、劣势和外部的机会、威胁进行分析，以确定自己的竞争战略。

1996 年底，在乔布斯回到苹果公司之时，苹果公司已陷入经营困境，苹果电脑市场份额不断下滑并处于崩溃边缘。虽然苹果公司在技术上的研发仍有投入，但收获甚微，而且陷于与微软公司的长期版权纠纷之中。此时，苹果公司面临的外部环境也日益严峻。在软件方面，微软公司迅速扩张，垄断了软件方面的绝大部分专利权；在硬件方面，国际商用机器公司等电脑厂商占据着绝大部分的市场份额。在电脑市场，苹果公司处处受制。苹果公司开始转变战略目标，乔布斯首先将战略目标转向了数码音乐播放器，此举虽然获得了成功，但数码音乐播放器市场的利润十分有限。而此时，手机市场的发展也出现了瓶颈，功能机开始试图向网络化转化，但模拟网转网技术的不稳定性和难操作性等问题影响了顾客的体验。手机市场从 2G 时代过渡到 3G 时代遇到了技术壁垒，这是手机时代的困境，也是企业的契机。而作为一家在软件和硬件方面都具有自主研发能力的老牌电脑厂商，苹果公司具有雄厚的技术实力和顶尖的技术人员，可以将电脑技术向手机技术转化，跨越技术难题。在对外部的威胁与机会、自身的优势与劣势进行正确分析的基础上，苹果公司迅速改变自己的战略定位，将战略目光投向手机市场，将大量资源投放在智能机的研发上。在竞争战略的选择上，苹果公司选择了差异化战略。作为曾经拥有世界第一品牌的电脑厂商，苹果公司不可能将自己的战略定位于成本领先战略，以低成本进入手机市场，苹果的战略定位必然是产品差异化，以一种无法模拟的品牌姿态占领手机市场，从最初两部 iPhone 的定价——499 美元和 599 美元可见一斑。虽然苹果手机从 iPhone3 开始降价，但高额的价格是很多顾客难以负担的。但苹果手机高端的技术、优良的性能和品牌优势仍然吸引了众多的顾客，使苹果公司获得高额利润。

（2）通过"微笑曲线"，实现价值链管理的创新

产品价值的实现主要取决于价值链的两端——研发和销售，由此形成一个两端向上的"微笑曲线"。在产品形成的价值链中，研发、生产和销售构成了产品的价值链，生产处于产品价值链的中端。产品的价值不在于产品本身，而在于顾客是否按照指定价格购买该产品。产品的设计、研发可以满足顾客的消费偏好，营销可以给顾客带来良好的体验，增加企业销售额，从而实现产品的价值。因而，设计、研发和销售是产品价值创造的关键环节，可以为企业带来更多的价值增值。然而生产是将设计、研发转变为实物，其在价值链

管理中的重点在于质量和成本管控。苹果公司正是因为抓住了价值链管理的核心，将优势资源集中于产品的研发、设计和销售。苹果公司拥有大量的研发团队。在苹果公司，设计是第一位的，所有部门都必须服从和服务于研发设计团队。苹果公司在全世界设立零售店，以增加顾客体验。

在苹果公司之前，很多企业利用国际上低廉的原材料和劳动力在国外设置工厂，而苹果公司改变了这一做法，它没有在国外开办分厂，而是将全部的生产环节外包出去。在波特的价值链理论中，企业内部创造价值的活动分为基本活动和辅助活动，生产、销售等属于基本活动，研发、设计、人事管理等属于辅助活动。从传统观点来看，基本活动应该是企业价值链管理中的重点，应该存在于企业内部。而苹果公司却对传统的价值链管理进行了创新，将内部价值链环节外部化。手机的生产类似于汽车的生产，需要大量的元器件，手机厂商一般不负责元器件的生产，而是向上游元器件厂商采购，然后在自己的工厂中将元器件组装成手机。而苹果公司采取了不同的价值链管理方式，在其他手机厂商想方设法在国际上寻找低廉的劳动力市场和原材料市场、开设组装工厂时，苹果公司却将手机的生产组装全部外包给了中国的富士康，由其代工。没有了组装工厂、没有了生产线、没有了生产工人，苹果公司节省了大量投资，使得苹果公司可以将优势资源集中于提高企业竞争力的关键环节。但生产环节仍然是产品价值创造的重要一环，其重点在于产品质量控制。为此，苹果公司对代工工厂的要求十分苛刻，在供应商管理方面，通过单一型号产品简化供应链、降低成本，并派驻大量的质量专家深入元器件供应商和代工工厂，对产品质量进行严格把控，实现供应链的无缝对接。正是苹果公司对时代特点的把握和价值链管理的灵活运用，使得苹果公司能够充分利用国际上低廉的成本要素降低成本，并能够集中优势资源于产品的设计、研发和销售，实现产品价值，获得巨额收益。

（3）通过成本动因分析，有效控制成本

成本动因分析的目的是划分增值作业与非增值作业，减少非增值作业以降低成本。成本动因分析包括：执行性成本动因分析和结构性成本动因分析。成本控制一直是苹果公司经营管理的重点。在执行性成本动因方面，苹果公司在生产阶段，一是通过大量使用通用电子零部件降低零部件成本，二是充分利用全球生产网络和最好的资源进行生产要素成本的优化组合，并将生产过程全部外包；在销售阶段，直接与运营商合作，降低分销成本；在库存方面，降低产品种类、提供更多无形产品，降低库存成本；在日常支出方面，在工资、租金和基础设施等方面的支出仅占销售收入的 7%，并保持不断下降的趋势。在结构性成本动因方面，减少基础设施建设，简化组织结构，实施扁平化管理。

苹果公司获得成功的原因，首先在于其能够根据外部环境的变化和自身的优劣势进行正确的战略定位；其次在于其能够根据战略定位合理安排资源，进行价值链管理创新；再次是依据国际产业分工将生产环节外包，最大限度地降低成本；最后能够对企业日常经营进行严格的成本控制。

2. 小米公司的战略成本管理

小米公司成立于 2010 年 4 月，是一家专注于高端智能手机自主研发的移动互联网公司，总投资额为 2600 多万元。2011 年 8 月 16 日，小米公司发布了第一款小米手机。2012 年 6 月 7 日，小米手机销量突破 300 万台。小米手机总共发布了六款机型，除小米 1 外，销量均超过千万台。2014 年，小米手机在中国手机市场的份额排名第一，在世界排名第四。在距离小米公司发布第一款手机不到三年的时间里，小米公司迅速抢占了手机市场，并在智能机市场销量中拥有较高排名，缔造了另一个手机界的奇迹，这与小米公司对战略成本管理的重视密不可分。

（1）正确定位产品，迅速获得市场份额

小米公司没有苹果公司雄厚的资源、传统的品牌和尖端的技术人员，初始投资额也不到苹果公司的1/10，但小米公司准确地看到自己的优势、劣势和外部的机遇与挑战，并进行了正确的战略定位。2007年，自苹果手机发布以来，智能机的风潮席卷全球，但高昂的价格使许多消费者望而却步。小米公司的创始人雷军准确地把握这一机遇与挑战，采取了成本领先的竞争战略，即通过规模经济或严格的成本控制使企业成为行业中的低成本生产者，以较低的产品价格进入市场，既保障了智能机的功能，又符合广大消费者的消费能力。而应该如何降低成本？作为一家新成立的企业，其优势又来自哪里？雷军邀请了黎万强、洪锋、黄江吉等7人，组建了小米公司的联合创始团队，从而解决了小米手机硬件、软件的设计和研发问题，以及小米手机的供应链管理问题，也为小米公司节约了大量成本。在公司成立伊始，小米公司就秉承成本领先战略，尽量使成本最低。

（2）深化价值链管理创新

小米公司战略成本管理的另一个成功原因在于其深化了价值链管理创新。在苹果公司将生产环节外包的基础上，小米公司进一步将产品价值链上的销售环节外包。小米公司没有自己的实体零售店，但小米公司抓住了互联网与电商平台蓬勃发展的时代契机，借助天猫平台销售手机，既扩大了销售范围，也降低了成本。没有实体零售店不等于不重视销售，小米公司通过线上论坛、饥饿营销等方式，使小米1在发布的当天便抢购一空。在设计、研发方面，小米公司通过线上论坛、发烧友互动，吸收设计灵感和产品创新点，从而实现了产品价值的社会化共创与低成本。在生产环节，小米公司将产品生产外包给南京的英华达、河北的富士康和嘉兴的闻泰。在物流环节，小米公司借助顺丰、EMS等快递公司运输产品。在产品价值链的各环节上，除设计、研发外，小米公司几乎全部实现了外包，真正地实现了轻资产、低成本，使得产品能够以较低的成本进入市场。但低成本不等于低质量，小米公司对供应商和代工工厂进行严格筛选，对产品质量进行严格把控。

（3）准确分析成本动因，管控成本

在结构性成本动因方面，小米公司将生产环节分工细化，并利用电商平台和物流公司，将生产、销售和物流环节进行外包，充分降低成本。在执行性成本动因方面，小米公司将专用零部件转为通用零部件以降低成本；通过物料在采购、生产、销售和物流阶段的全运转，实现存货的零库存，降低库存成本。

小米公司的成功首先归功于其准确把握了市场消费者的消费趋势与能力，进行了正确的战略定位。而最重要的是小米公司在价值链管理上的灵活运用与创新。小米公司能够借助外部环境的变化，使价值链管理能够借助外部资源，实现价值链各环节的低成本，同时提高产品的质量、研发和销售的速度。但在价值链管理上的创新很容易被别人模仿，而技术方面的创新不易模仿且具有法律保护性，因此，小米公司还开发了 MIUI 操作系统，并加快小米手机在技术上的创新。对于一个从无到有的高科技企业而言，小米公司无疑是成功的，从定位于中低端市场到运用价值链管理最大限度地降低成本，小米公司逐渐积累了越来越多的资本，也使它有能力进行未来技术方面的创新。

3. 启示

（1）战略成本管理的核心：产品创新与成本管控

影响企业竞争优势的重要因素就是创新与成本。创新决定了企业产品能否实现顾客价值，获得长期的竞争优势，它是企业获得利润的源泉；同时，企业的创新需要大量的资源投入，导致短期成本呈现上升趋势。战略成本管理的核心就在于权衡产品的创新能力和成本管控能力。而在战略成本管理下，创新与成本管控两者并不相悖，成本管控实际上是为了更好地控制资源耗费。企业可以通过成本管控降低其他环节的资源耗费，为产品创新提供资源保障。如果只强调创新能力，而不进行成本管控，大量的资源耗费会导致企业资源的流失，创新就会失去资源保障；同样，如果只强调成本管控，而不重视创新，企业就会失去创新动力，最终在产品竞争中处于劣势。苹果公司的战略成本管理以产品创新为核心，其产品价值创造的关键点在于研发，因此，苹果公司在研发环节投入了大量资源，而在其他环节尽量降低成本，使资源可以集中于研发环节。而小米公司不具备大量的资源和研发能力，因此，小米公司最初将重点放在成本控制上，在小米公司价值链的各个环节上都体现着低成本，低成本进入市场使小米公司在短时间内积聚了大量资本。但是，虽然经营管理创新、营销手段创新也是企业创新的重要方面，但在这些方面的创新具有较易模拟性，而且不受法律保护，因此，小米公司也在不断增加研发投入，开拓产品创新。

（2）战略成本管理应用的权变性

企业内部管理方法需要根据内外部环境的变化而进行转变，作为企业内部管理重要方法的战略成本管理更需要根据企业内外环境的变化而适时改变，进行权变。战略成本管理的权变性要求对经营环境进行准确把握，只有进行准确的战略定位分析、价值链管理和成本动因分析，才能在激烈的竞争中处于优势。无论是苹果公司还是小米公司，其都是在准确掌握外部环境动态变化的基础上，进行了正确的战略定位，也只有凭借对外部环境特征的深入了解，才能有效组织和管理价值链。因此，战略成本管理的应用必须具有权变性。

第三节　构建一个有效的企业成本核算系统

管理会计工具方法是建立在成本核算系统之上的，只有成本核算系统能够提供准确的、相关的成本信息，成本管理系统才能正常运转。因此，成本管理系统的构建首先需要解决成本核算的准确性和科学性问题。

一 企业成本核算系统的定位和目标

成本核算是成本管理的前提，只有建立一个准确、科学的成本核算系统，才能为企业的成本管理、预算管理、战略管理、营运管理等提供准确的信息。

1. 为企业内部管理和对外报告提供双重信息

企业成本核算系统的定位是指，应该如何正确确定成本核算系统在企业财务活动中所处的位置和职能。由于企业的成本核算系统具有双重职能，因此，应该对企业的成本核算系统进行定位。

一个优秀的成本核算系统应该包括：成本核算系统在企业财务活动中的定位；成本核算系统的设计原则；成本核算系统设计的具体方法和过程，包括成本核算流程，成本的划分，产品成本的要素范围，产品要素的确认，直接成本和间接成本的归集和分配，作业中心、成本中心和成本目标的设置，在产品和产成品成本的分配，废品损失的处理，成本报表的编制和成本资料的保管等。企业应该正确定位自身的成本核算系统。企业的成本核算系统应该隶属于企业的管理会计，以为管理会计提供成本信息为主要职能，其成本信息必须能够满足企业内部管理的需要。由于成本核算系统还需要为财务会计提供信息，因此，企业的成本核算系统应该能够从全部成本信息中分离出制造成本信息，使其满足对外报告的需要。

企业成本核算系统的目标是满足内部管理和对外报告的双重需求，其中，以为内部管理提供成本信息为最主要的目标。管理会计所需的成本信息在范围、特征上要复杂于财务会计所需的成本信息，例如，管理会计不仅需要产品的完全成本信息，也需要产品的边际成本信息等，而财务会计则仅需要产品的制造成本信息。此外，成本核算系统为管理会计提供成本信息时必须遵守核算原则，如成本效率原则、受益原则、一致性原则、透明和可审计性原则等，使其为财务会计提供的产品成本信息更加准确。因此，企业的成本核算系统在设计时应该以满足内部管理需要为首要目标，在此目标的基础上分离出制造成本信息。

2. 准确分配间接费用

企业成本核算系统构建的关键在于采用先进的成本核算方法，提高间接费用分配的准确性。从国外的研究经验来看，作业成本法不但是目前最为先进和科学的成本核算方法，也是一种有效的成本管理方法。作业成本法不但可以提高间接费用分配的准确性和合理性，还可以为企业内部管理提供成本信息。因此，应大力推广作业成本法。

二 企业成本核算系统构建的具体措施

本书结合先进的成本核算方法和企业成本核算实务中存在的问题，对企业成本核算系统进行构建，并提出改进措施。企业成本核算系统的构建包括成本核算对象的确认、产品成本核算项目和范围的确定、成本核算流程的设计、成本报表的编制，以及与财务系统的结合等。因此，本书主要从这些方面入手展开分析。

1. 成本核算对象

成本核算对象是指在计算产品成本过程中，确定归集与分配生产费用的承担客体。为了正确计算产品成本，首先就是要确定成本核算对象，以便按照每一个成本核算对象，分别设置产品成本明细账（或成本核算单）来归集各个对象所应承担的生产费用，计算出各对象的总成本和单位成本。因此，正确确定成本核算对象是保证成本核算质量的关键所在。

成本核算应以产品或相应工序产出的半产品为核算对象。在传统的成本核算方法下，成本核算对象往往按照生产类型或组织方式来确定。例如，在分批生产产品的企业里，生产的安排和对产品成本的分析是根据产品批次来进行的，因此，产品成本核算对象为每批产品。在大量生产产品的企业里，产品和半成品的品种较固定，生产的安排和对产品成本的分析是根据产品和半成品的品种来进行的。当企业的工艺特点是简单生产时，成本核算对象就是每种产品；当企业的工艺特点虽是复杂生产，但企业在管理上并不需要计算及分析半成品成本或零部件成本时，成本核算对象也是每种产品；当企业的工艺特点为复杂生产，且企业在管理上需要计算及分析半成品成本或零部件成本时，成本核算对象应是各加工步骤的半成品、零部件及每种产品，这种做法的目的是能够准确核算每批次或每步骤的产品成本。但在作业成本法下，成本核算对象不需要划分批次或步骤就可以准确核算产品成本，而且在作业划分的基础上，还可以进行成本管理，减少非增值作业。

2. 产品成本的要素范围

在确定成本核算对象后，需要确定计入产品成本的要素范围。由于成本核算系统既需要为内部管理提供信息，又需要为对外报告提供信息，而且它们所需要的信息在要素范围上存在差异，因此，成本核算系统应该能够核算两种不同的成本信息，即产品的全部成本和制造成本，以满足成本核算系统双重定位目标的需求。

从全部成本来看，产品成本应该包括全部可以归集和分配到产品的要素，即产品在整个价值形成过程中所消耗的全部资源。从要素类别来看，产品成本的要素应该包括材料、人工、折旧、摊销、租金、周转材料、水、电、煤气、热力等，也可以说是为生产某一产品而耗费的各种资源，并且能够为产品带来增值的全部耗费资源。从产品价值形成的过程来看，产品成本应该包括产品在研发、设计、生产、营销、分配和售后所发生的一切成本费用。

从制造成本来看，计入产品成本的要素应该符合财务会计制度的规定，其一般是在产品生产过程中所发生的资源耗费，在产品研发阶段所发生的支出如果符合财务会计制度资本化的规定也可以计入产品成本，而在销售、售后和管理阶段所发生的支出则不能计入产品成本，而应计入当期费用。这与全部成本核算不同，在全部成本核算下，这些费用只要与产品形成相关，是产品在形成过程中所发生的资源耗费，就都应该计入产品成本。这是产品的全部成本与制造成本的区别，也是全部成本核算和制造成本核算并行的挑战。

在成本核算系统上，需要设置两个子系统，一是全部成本核算子系统，二是制造成本核算子系统。由于企业目前只核算制造成本，成本核算系统是按照制造成本核算设计的，为避免更大的耗费，企业可以在制造成本核算系统的基础上加以改进。在账户的设置上，可以设置"管理费用—全部成本""销售费用—全部成本"，核算那些按照全部成本核算要求应计入产品成本的要素。例如，A产品的广告费用，在全部成本法下，应计入产品成本；而在制造成本法下，其不应计入产品成本，而应计入费用。当A产品发生广告费用时，其首先计入销售费用，不计入制造成本核算子系统；然后根据其二级账户"管理费用—全部成本"计入全部成本核算子系统。在管理费用或销售费用下的全部成本二级账户中的费用都应该计入全部成本核算子系统。

3. 成本核算流程的设计

要正确反映资源和产品之间的关系，必须通过作业在两者之间建立联系，首先将资源分配到作业，再将作业归集的资源分配到产品，然后计算产成品的成本和在产品的成本，同时要区分产品的全部成本和制造成本。具体成本核算流程如下。

（1）确定成本核算的两个子系统

由于企业的成本核算系统既需要为内部管理提供信息，又需要为对外报告提供信息，而两者所需要的信息不同，因此，企业的成本核算系统应该分为两个子系统——全部成本核算子系统和制造成本核算子系统，全部成本核算子系统以为内部管理提供所需的成本信息为主要任务；制造成本核算子系统以为对外报告提供所需的成本信息为主要任务。

（2）确定产品耗费的资源

产品耗费的资源即产品的要素范围，也就是哪些资源要素应该计入产品成本，此问题涉及要素的确认和计量两个方面。需要注意的是，由于内部管理需要的是产品的全部成本信息，而对外报告需要的是产品的制造成本信息，因此，产品要素必须区分计入全部成本核算子系统的要素和计入制造成本核算子系统的要素。

（3）确定作业、作业中心、成本中心和成本库

作业是指企业创造价值的各种活动。企业可以根据价值创造活动的特点，确定不同的作业或作业中心，例如采购作业、仓储作业、运输作业等。作业的确定不是越多越好，也不是越少越好，要符合成本效益原则和受益原则。各类作业又可以归集为六类作业，即研发作业、设计作业、生产作业、营销作业、分销作业和售后作业。需要注意的是，只有生产作业的成本可以计入制造成本核算子系统，而所有六类作业的成本都应该计入全部成本核算子系统，但要区分增值作业和非增值作业，只有那些能够增加产品价值的作业，其发生的成本才可以计入产品的全部成本，即计入全部成本核算子系统；而非增值作业所发生的成本不能计入全部成本核算子系统。作业确定后，需要按层级进行划分：单位级作业，即与单位产品相关的作业，其消耗的资源随产品产量的增加而增加；批次级作业，即与产品批次相关的作业，其消耗的资源随着生产批次的增加而增加；品种级作业，即与产品品种相关的作业，其消耗的资源随产品品种的增加而增加；设施级作业，即使某个部门、机构或整个企业受益的作业。

根据成本效益原则，可以将相同性质的作业进行适当的合并，设置作业中心，每一个作业或作业中心从会计的角度看就是一个成本中心，每一个成本中心都会耗费资源或其他的作业。对该资源而言，这

个成本中心就是其所要归集和分配的成本的受益对象，即成本对象或成本目标。向成本中心归集和分配的成本构成了该成本中心的成本库，成本库中包含着若干的成本要素。

（4）确定成本动因

成本动因是指导致成本发生的各种因素，即成本的驱动因素。成本动因可以分为资源动因和作业动因。资源动因是将资源消耗分配到作业的依据，是作业消耗资源的原因。比如，加工作业需要耗费电，用电量越多，耗费的电力也就越多，用电量就是加工作业的资源动因。作业动因是产品消耗作业的原因，它决定产品消耗作业的种类和数量。例如产品耗费加工作业，产品加工的时间越长，耗费的加工作业也就越多，加工时间就是产品的作业动因。确定成本动因时，必须遵守受益原则，选择最能反映资源或作业耗费方式的动因作为成本动因，同时考虑它的计量成本和行为后果。

（5）将资源向作业或作业中心进行归集和分配

将资源根据资源动因向作业或作业中心进行归集和分配，把资源的消耗一项一项地分配到作业，资源动因的选择必须遵守因果关系和受益原则，选择那些最能反映资源耗费方式的动因作为资源向作业归集和分配的依据。对于产品而言，如果某一资源的耗费属于它的直接成本，例如，直接用于某一种产品生产的材料，则该材料的成本可以直接归集到该产品，不用通过作业再向产品分配，这种做法符合成本效率原则。

（6）将作业或作业中心归集的成本向产品进行分配，确定产品成本

将作业或作业中心归集的各项成本项目，依据作业动因向产品进行分配，选取的作业动因必须能够反映产品耗费作业的情况，反映产品对作业耗费的受益关系。如果产品对作业中心不同成本项目的耗费方式不同，则这些成本项目需要按照不同的成本动因向产品进行分

配。例如，研发作业作为一个成本中心，它可能耗费了折旧、材料、人工、燃料动力、低值易耗品等资源，这些资源向研发作业的归集和分配形成了研发作业中心的各个成本项目。而产品对折旧、材料、人工的耗费方式不同，对折旧的耗费方式取决于产品的生产时间，对材料的耗费方式取决于材料的使用量，因此，根据受益原则，需要选择不同的分配依据进行分配。而对于有些作业，例如检验作业，可以根据成本效率原则，根据检验次数直接将成本中心归集的各项成本向产品进行分配。成本中心的各个成本项目是否需要根据不同的动因进行分配取决于成本效率原则和受益原则，需要职业会计师能够灵活地进行职业判断。

（7）将产品成本在产成品和在产品之间进行分配，确定产成品成本

确定产品的成本后，可以根据约当产量法等方法，将成本在产成品和在产品之间进行分配，以确定产成品成本和在产品成本。

（8）确定各子系统的产品成本

根据全部成本核算子系统和制造成本核算子系统提供的信息分别确定产品的全部成本和制造成本。除此之外，全部成本核算子系统还应该提供以全部成本为基础的边际成本信息。产品成本核算流程如图5-1所示。

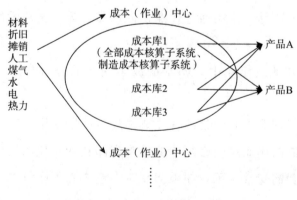

图5-1 产品成本核算流程

4. 直接成本和间接成本的归集和分配

根据费用与成本中心的关系，成本可以划分为直接成本和间接成本。直接成本在确认时应该以经济可行的方法建立在可追溯的基础上。因外购资源而发生的直接成本应该按照发票价或协议价确认，其他的直接成本应该以构成该直接成本的各项要素的成本为基础来确定。由于直接成本与成本目标直接相关，而且直接成本可以以经济可行的方法直接追溯到成本目标，因此，直接成本可以直接计入该成本目标的成本中，不需要进行分配。

间接成本的归集和分配在成本的核算和管理中发挥着重要的作用。一个好的间接成本分配系统可以提高产品或服务成本的准确性。间接成本的归集是指对于在逻辑上具有共同性质或目标的间接成本项目，从账簿等会计资料中进行归集。间接成本可以以成本库为基础进行归集，形态和特征相同的成本项目可以建立一个成本库，间接变动成本和间接固定成本应该被归集在成本中心的不同成本库中。间接成本按照成本性态归集到不同的成本库，对成本控制和决策制定等具有重要意义。成本库中成本项目间的同质性越强，间接成本的分配就越有可能科学和合理。

如果间接成本项目直接与成本中心相关，该成本项目可以直接归集到这个成本中心，例如，如果某项设备直接与某一成本中心相关，那么该设备的折旧可以直接归集到这个成本中心。如果间接成本与几个成本中心相关，应该以合理的基础向各成本中心进行分配，例如，一个部门的维修和修理费用可以直接向这个部门归集，如果该部门以各种设备作为成本中心，那么就应该按照合理的基础分配给这些成本中心，一般以设备的使用时间为基础进行分配，如果该部门只生产一种产品，那么该部门的维修和修理费用可以直接归集给该产品。间接成本在向不同的成本中心进行分配时，必须遵守受益原则，根据因果关系进行分配。根据成本目标和发生的成本之间的因果关系以及不同成本中心受益的多少对间接成本进行分配，确保间接成本分配的合理性。间接成本分配的基础必须是合理的，一旦具体的分配方法确定后，应该保证该方法的一贯性和统一性。当具体环境发生改变时，可以改变分配方法，但要在报表中进行披露。间接成本被划分为间接变动成本和间接固定成本。间接变动成本可以以实际使用率为基础向产品或服务进行分配；间接固定成本和其他类似的固定成本可以以设备或工厂的正常或实际利用率为基础向产品或服务进行分配。

本书描述的直接成本和间接成本与传统的产品直接成本和间接成本不同，本书的直接成本和间接成本是针对某一成本对象而言的，这个成本对象可能是产品也可能是车间、机器或其他的作业。因此，直接成本不一定就是产品的直接材料或直接人工，间接成本也不一定就是产品的制造费用。

5. 废品损失的处理

废品是指不符合规定技术标准、无法按原定用途使用或需要经过加工修理后才能按原定用途使用的在产品、半成品和产成品等。废品损失可以分为正常废品损失和非正常废品损失。正常废品损失应该计入产品制造成本和全部成本中，即制造成本核算子系统和全部成本核算子系统中；非正常废品损失只计入全部成本核算子系统。这种做法有利于废品控制，有利于对作业中心的考核和业绩评价，而且与财务会计准则关于存货的规定保持一致。废品损失应该计入产品成本，能够直接追溯到某项产品的废品损失可以直接计入该产品的成本中，不能直接追溯到某项产品的废品损失应该根据因果关系进行分配。

6. 在产品和产成品成本的分配

企业应当根据在产品的实际结存数量以及完工验收入库的产成品数量，计算在产品和产成品的成本；也可以根据生产过程的特点和在产品数量的多少，采用能够合理反映在产品完工程度的方法，计算在产品和产成品的成本。当产品数量较多而且各月之间产品成本变化较大时，应按约当产量法按月核算在产品和产成品的成本；当月末在产品数量很少而且所占用的资源不多时，可以不计算在产品的成本，而由产成品负担发生的全部成本；当产品数量较多而且各月间产品成本变化不大时，在产品可按年初数计算，本月发生的产品成本即为产成品成本。

7. 成本报表的编制和成本资料的保管

（1）成本报表的编制

企业应该编制全部产品的生产成本报表和主要产品的单位成本报表。全部产品的生产成本报表可以从产品种类和成本项目两个角度编制。按产品种类编制的全部产品生产成本报表可以分为基本报表和补充资料两个部分。基本报表应该按可比产品和不可比产品分别填列。可比产品是指过去正式生产过的产品，有完整的成本资料，可以进行比较的产品；不可比产品是指过去没有正式生产过的，本年第一次正式生产的产品。由于可比产品有同类产品的成本资料进行比较，所以可比产品的生产成本基本报表部分应该登记上期数和本期数、本年的标准指标、与上一年相比的成本变化值和成本变化率。由于不可比产品没有以前年度完整可比的成本资料进行比较，所以只需要登记本期的实际成本和本期的标准成本。按产品种类编制的全部产品生产成本报表可以定期总括地反映企业全部产品和主要产品的成本计划的执行情况，及时对情况进行考核和分析。按成本项目编制的全部产品生产成本报表是按成本项目汇总，反映企业报告期内生产的全部产品的总成本。根据成本项目分别填列标准数、本期数和本期累计数。重要的成本项目可以进一步细分，对于异常波动的重要的成本项目或改变成本归集和分配方法的成本项目应在报表的附注中进行说明，不能确定影响金额的应该披露原因。

主要产品的单位成本报表是反映企业在报告期内生产的各种主要产品单位成本水平和构成情况的报表，是对全部产品生产成本报表的补充说明。该报表应该按照主要产品分别编制，按构成产品的成本项目填列上年数、标准数和本年实际数，可以分设三个部分：产量、单位成本和主要技术经济指标。对于构成产品成本的重要的成本项目的归集和分配方法的变动原因、异常变动的重要项目的归集和分配方法的变动原因应在报表附注中进行说明或披露。

（2）成本资料的保管

企业对于生产和经营过程中所发生的各项费用，必须设置必要的生产费用账册和明细账户，以审核无误、手续齐备的原始凭证为依据，按照成本核算对象、成本项目、费用项目和车间、部门进行核算，做到真实、准确、完整、及时；建立原材料、在产品、半成品和产成品等各项财产物资的收发、领退、转移、报废、清查盘点制度；健全与成本核算有关的各项原始记录，保证成本资料的可审计性。

企业可以按照流程、设备、部门、作业等设置成本中心，各成本中心应对发生或分配的各成本项目进行登记，并填制成本核算单。

企业应定期编制成本核算手册，详细地说明原始数据的收集方法、确定因果关系的方法和使用方法、系统的结构、IT系统的设计说明，以及更新以上这些内容的程序。对于需要对外提供成本报告的，成本核算手册也应该包括成本账户目录和明细账户。

第四节　建立基于平衡计分卡的绩效管理和预算体系

绩效管理是一套包括绩效计划、控制、考评与激励、反馈等环节在内的循环往复的闭环体系。绩效计划阶段为员工确定其要实现的具体绩效目标和与之相对应的评价标准及奖励方法，指引员工行为；绩效控制阶段对员工的日常行为进行绩效监督和管理，为员工行为与企业目标的一致性提供保障，并帮助他们排除阻碍绩效目标实现的各种障碍；绩效考评与激励阶段将员工的绩效目标和实际结果进行比对，并对实现绩效目标的员工进行奖励；绩效反馈阶段需要对绩效计划、控制、考评与激励阶段存在的经验或问题进行整理，并反馈给绩效计划阶段，作为制订新的绩效计划的基础。绩效管理各环节之间的关系密切，绩效计划是绩效控制、绩效考评与激励的基础，为其提供标准；绩效控制、绩效考评与激励是绩效计划得以实现的保障；绩效反馈又为新的绩效计划的制订提供基础，使绩效计划、控制、考评与激励成为一个可以持续改进的管理体系，四者之间构成了一个循环往复的闭环体系。因此，企业在构建绩效管理体系时，一定要注意绩效计划、绩效控制、绩效考评与激励和绩效反馈之间的密切关系，将绩效计划、控制、考评与激励和反馈紧密相连，使其相互协调、相互促进。

一　平衡计分卡的产生

平衡计分卡产生于 20 世纪 90 年代初，由美国哈佛商学院教授 Robert S. Kaplan 和复兴全球战略集团（Nolan-Norton）总裁 David P. Norton 提出，并发表于《哈佛商业评论》上，其文章一经发表立刻引起了理论界和实务界的轰动。Kaplan 和 Norton 将传统的以财务指标为主的绩效评价模式扩展为包括顾客、内部流程和学习与成长等非财务指标在内的绩效考核模式，使企业的绩效考核具有长期性、前瞻性，并与企业战略相匹配。平衡计分卡的四个维度包括财务维度、顾客维度、内部流程维度和学习与成长维度。财务维度是利用财务指标来考核企业的财务业绩，是企业追求的终极指标，是从股东的角度看企业的经营业绩，具有可靠性和综合性等特点，其考核指标一般包括成本利润率、投资报酬率、资产负债率等；顾客维度是从顾客角度考核企业的经营业绩，产品价值的实现最终取决于顾客，因此，企业能否长久发展下去也取决于顾客对产品和企业的认可程度，它是企业绩效考核不可或缺的指标，其考核指标一般包括产品市场占有率、顾客保持率、顾客获得率、顾客满意度等；内部流程维度是从企业经营过程角度去考核企业业绩，是企业产品价值形成的全部过程，也是企业实现股东价值和顾客价值的重要方面，是绩效考核的重要环节，其考核指标一般包括产品合格率、产品返工率、及时交货率、存货周转率等；学习与成长维度从员工和企业两个角度反映了企业的创新能力，而创新能力是企业获得长期竞争优势的关键环节，其考核指标一般包括研究开发费用率、员工满意度、员工保留率、员工劳动生产率等。顾客维度、内部流程维度、学习与成长维度属于非财务指标，非财务指标的引入可以较为全面地评价企业业绩，并使企业战略落实到可操作的衡量指标上，将企业战略与绩效管理体系密切相连，从而保证战略得到有效的落实和执行，使员工的行为能够与企业目标保持一致。因此，平衡计分卡被认为是一种加强企业战略执行力的最有效的工具。

平衡计分卡的发展经历了三个阶段。第一阶段，平衡计分卡。在第一阶段，Kaplan 和 Norton 发表的《平衡计分卡：驱动绩效的量度》认为，传统的绩效考核模式只能评价过去，而无法反映企业的未来，从而提出了从财务维度、顾客维度、内部流程维度和学习与成长维度四个角度构建绩效考核指标体系。第二阶段，平衡计分卡+战略地图。通过战略地图描绘和规划出企业战略，并将其落实到平衡计分卡的四个维度上，使平衡计分卡成为落实企业战略的有效工具。第三阶段，平衡计分卡+战略地图+战略中心组织。在此阶段，平衡计分卡的思想已扩展到组织结构和组织管理，系统地描绘了企业为实现战略应如何组织、衡量和管理企业。

二 平衡计分卡与传统绩效考核方法的区别

传统的绩效考核方法仅包括财务指标，往往使企业和员工更关注于短期的业绩，存在为实现短期业绩而影响企业长期发展的现象，使企业经营偏离企业战略，如美国 BTC 公司在实施平衡计分卡前就面临这样的问题。一方面，平衡计分卡不仅从财务维度，还从顾客维度、内部流程维度、学习与成长维度等对企业绩效进行考核，非财务指标的引入使绩效考核更为全面。另一方面，平衡计分卡将企业战略与绩效考核紧密相连，将企业战略细分为具体目标，再制定具体目标的考核指标，最后提出实现这些指标的行动方案。平衡计分卡既实现了绩效考核的目标又落实了企业战略，使绩效考核与企业战略相匹配，有利于企业战略的实现，有利于企业的长久发展和获得竞争优势。

三 平衡计分卡与战略地图之间的关系

战略的重要价值之一是为企业明确未来的发展方向。只有方向明确了，企业的经营管理活动才不至于迷失方向，我们才能知道什么是"正确的事"；而只有坚持"做正确的事"，企业才能不浪费自身有限的、宝贵的资源。战略地图是连接战略和平衡计分卡的重要工具。战略地图能对企业战略进行全面、系统和详细的描述，并通过平衡计分卡的四个维度，将战略分解到各维度上，通过分析各维度战略目标之间的相互关系，勾勒出企业各维度战略目标之间的因果关系。

平衡计分卡的四个维度之间密切相关，层层递进。学习与成长维度决定了员工和企业的成长能力和创新能力，只有员工具有归属感、熟练的技能和较强的创新能力，才能保证企业内部经营目标的实现，才能促进产品质量的提高和成本的降低，进而提高顾客的忠诚度和满意度；而产品购买率的增加，能够实现最终的财务目标，提高企业收益。四个维度之间的密切关系恰恰反映了绩效驱动的诱因。战略地图和平衡计分卡的结合，使战略目标得到了层层分解，也使战略目标的实现成为可能。

四 平衡计分卡与企业绩效管理体系之间的关系

绩效管理包括绩效计划、控制、考评与激励和反馈。从狭义上来看，平衡计分卡属于绩效管理中的考核阶段，但它实际上连接了绩效考评与激励，而且平衡计分卡的考核指标需要在实施年度之前制定，绩效考核指标的制定实际上属于绩效计划，因此，平衡计分卡的考核指标可以与预算相连，以平衡计分卡考核指标为基础可以制定年度、季度和月度预算。制定绩效考核指标的目的是引导员工的行为与企业战略目标相一致，因此，绩效考核指标的执行实际是在实施控制，以平衡计分卡为基础的绩效考核体系实际也需要进行反馈，不但公司战略需要根据公司和外部环境的变化进行修订，而且各指标也需要不断进行修正，以获得持续收益。因此，平衡计分卡需要与企业的绩效管理体系紧密相连，贯穿于绩效管理体系的各个阶段。

五 平衡计分卡与预算之间的关系

平衡计分卡将战略与业绩考核、预算和成本控制结合在一起。平衡计分卡需要根据企业战略制定。可以说，平衡计分卡的核心就是如何通过绩效考核体系落实并实现企业战略。其核心思想是如何实现企业战略，促进企业长期竞争力的发展。而绩效管理体系中的绩效考核指标的制定本身和预算密切相关，将平衡计分卡和预算结合还可以实现成本控制。

通过战略成本管理和平衡计分卡的应用，能够完善企业成本的预测、分析、控制和考核，并和成本核算体系相连，形成一个在战略指引下的、以作业为基础的集预算、核算、控制、分析和考核于一体的全面的成本核算和管理体系，有利于企业长期竞争力的形成。

六 实施平衡计分卡的主要步骤

平衡计分卡的实施一般包括以下步骤。

1. 制定企业战略

平衡计分卡是落实企业战略的工具，实现企业战略也是企业绩效管理的终极目标，因此，企业绩效管理的第一步是制定企业战略。在制定战略的过程中，首先要对企业的内外部环境进行分析，回顾企业的使命、愿景和价值观，采用SWOT分析法对企业内外部环境、竞争优势和劣势进行分析，确定企业的战略或对企业战略进行调整。这一过程一般始于预算年度开始前的4~5个月。

2. 绘制战略地图

企业总体战略明确后，可以绘制战略地图。通过绘制地图，将战略进行分解，并明确每一维度的具体战略，将战略具体落实，使战略主题分解至目标值，并制定相应的行动方案。

3. 确定平衡计分卡的关键绩效考核指标

将战略地图和平衡计分卡相结合，确定与战略地图中的战略主题和各目标值相对应的考核指标。首先，根据公司战略制定公司级绩效考核指标及其目标值；然后，由各部门认领指标，制定各部门的绩效考核指标及其目标值；最后，确定个人级绩效考核指标及其目标值。每一级的绩效考核指标都可以制定相应的行动方案。

4. 确定绩效评价及奖励方法

关键绩效考核指标确定后，需要确定各指标的权重，进而确定考核个人业绩和部门业绩的综合指标数值，并制定相应的奖励方法。

5. 执行行动方案

在企业实际运营中，执行平衡计分卡中的行动方案，对运营情况进行实时监控，及时反馈实际运营中存在的问题，找到解决对策。

6. 评价员工和部门业绩

根据企业经营中个人和部门实际完成的指标情况，确定个人和部门业绩，对个人和部门业绩进行评价。

7. 进行战略检验和指标调整

绩效管理是一个往复的循环系统，一定时期的绩效评价结束后，需要根据战略制定和执行过程中的经验对战略进行检验，对各项指标进行调整。

第五节 完善企业风险管理

风险管理是企业为减少风险事件的发生或降低风险事件所带来的损失而采取的各种措施,风险管理过程通常包括风险识别、评估、预警和应对等管理活动。数字经济背景下,企业面临的风险日益增加,来自经济环境、政治环境的动态变化都可能蕴含着巨大的风险。因此,企业应该将风险管理常态化,建立风险管理制度,及时应对和降低可能发生的各种风险。

风险管理制度应该包括风险管理目标、风险管理流程、责任人等。企业应定期进行风险评估和报送风险清单等风险评估报告,如风险清单月报、季报、半年报和年报等,将企业风险划分为长期风险、短期风险;将企业可能发生的风险按照可能性和后果的严重程度绘制风险矩阵图,同时,报送相应风险的应对措施和风险报告。

参考文献

〔美〕奥利弗·哈特：《企业、合同与财务结构》，费方域译，格致出版社、上海三联书店、上海人民出版社，2016。

鲍依蓓、章玉：《中小企业股权集中度对创新绩效的影响——基于我国中小上市公司的实证研究》，《中国集体经济》2013年第24期。

〔美〕彼得·圣吉：《第五项修炼：学习型组织的艺术与实践》，张成林译，中信出版社，2018。

步丹璐、兰宗、田伟婷：《引入外资能引进核心技术吗？——基于华控赛格的案例研究》，《财经研究》2019年第9期。

查金祥、王立生：《网络购物顾客满意度影响因素的实证研究》，《管理科学》2006年第1期。

陈宏：《证券公司全面预算管理编制方法初探》，《现代经济信息》2011年第18期。

陈虎、葛显龙：《物流服务业生产效率测度研究》，《物流技术》2011年第13期。

陈力田：《环境动态性、战略协调柔性和企业产品创新能力关系的实证研究》，《科学学与科学技术管理》2012年第6期。

陈良华：《管理会计镜像：对管理控制系统评述》，《财务与会计》2015年第19期。

陈良华：《价值管理：一种泛会计概念的提出》，《会计研究》2002 年
　　第 10 期。

陈晓芳、孔繁国、黄文才：《企业文化对企业价值的影响研究》，《商》
　　2013 年第 1 期。

陈晓君、孟庆良、邹农基、袁春东、徐海灵：《顾客资产管理战略地
　　图的构建》，《价值工程》2010 年第 8 期。

陈秀山、徐瑛：《为什么需要大城市》，《安徽决策咨询》2003 年第
　　Z1 期。

〔英〕大卫·李嘉图：《政治经济学及赋税原理》，郭大力、王亚南译，
　　译林出版社，2011。

董平、李冠松：《制造业企业横向并购后资源整合对并购价值创造的
　　影响》，《企业经济》2017 年第 8 期。

董学立：《企业与企业法的概念分析》，《山东大学学报》（哲学社会科
　　学版）2001 年第 6 期。

杜俊华、毛秉仁、王宝林、贾元华：《客运专线公司经营绩效考评指
　　标体系研究》，《铁道运输与经济》2007 年第 5 期。

杜垚：《业财一体化信息系统建设对财务转型升级的作用——以建筑
　　企业"A 集团"为例》，《广西质量监督导报》2019 年第 10 期。

樊奇、徐学军：《国际代工背景下我国制造企业生产运营战略研究》，
　　《管理现代化》2008 年第 4 期。

范键、王建文：《商法基础理论主体研究》，高等教育出版社，2005。

范雅楠、云乐鑫：《知识获取方式对制造型企业创新绩效影响的实证
　　研究——基于营销探索与营销开发的视角》，《科学学与科学技术
　　管理》2016 年第 10 期。

方福前：《当代西方经济学主要流派》，中国人民大学出版社，2004。

冯巧根：《管理会计的定位及其应用价值》，《财会学习》2015 年第
　　3 期。

冯巧根：《管理会计工具的创新——"十字型"决策法的应用》，《会计研究》2020 年第 3 期。

冯巧根：《基于企业社会责任的管理会计框架重构》，《会计研究》2009 年第 8 期。

付非：《医药企业社会责任价值创造机制研究》，博士学位论文，沈阳药科大学，2018。

傅元略：《管理会计的核心：管控机制理论》，《财务研究》2016 年第 6 期。

富敬垚、章雁：《对我国医药行业研发投入的思考》，《北方经贸》2019 年第 2 期。

高梦元：《管理学和经济学的融合与发展趋势》，《企业改革与管理》2017 年第 12 期。

葛陈荣：《马克思主义两种"价值"概念论析——兼与李宝刚教授商榷》，《社会主义研究》2016 年第 3 期。

耿慧芳：《市场环境、政府政策对企业创新绩效的影响研究——基于国有和民营制造业企业数据的比较分析》，博士学位论文，对外经济贸易大学，2017。

顾海英：《上市公司价值创造的驱动因素研究》，《财会学习》2019 年第 29 期。

郭咸纲：《西方管理学说史》，中国经济出版社，2003。

郭彦斌、门素梅：《生命周期成本理论视角下的环境成本研究》，《财会研究》2010 年第 13 期。

〔美〕哈罗德·德姆塞茨：《所有权、控制与企业——论经济活动的组织》，段毅才等译，经济科学出版社，1999。

韩炜、马斌：《基于 AHM 模型的客户响应能力影响方案研究》，《山西农业大学学报》（社会科学版）2012 年第 2 期。

何建民、潘永涛：《服务经销商顾客感知价值测量工具的开发及信效

度检验》，《西南民族大学学报》（人文社会科学版）2015 年第
3 期。

何盛明主编《财经大辞典·上卷》，中国财政经济出版社，1990。

何文章：《企业能力视角下产业价值链价值创造研究》，博士学位论
文，江西财经大学，2013。

何小瑜：《基于价值创造的企业管理会计研究》，《中国管理信息化》
2019 年第 7 期。

何瑛：《公司价值管理模式的构建》，《经济管理》2005 年第 24 期。

贺梅：《标杆管理在企业中的实施》，《企业改革与管理》2016 年第
12 期。

侯晓红、杨静：《成本粘性与企业并购中的价值创造》，《会计之友》
2019 年第 12 期。

胡斌、刘作仪：《物联网环境下企业组织管理特征、问题与方法》，
《中国管理科学》2018 年第 8 期。

胡沫：《马克思价值概念的历史性诠释》，博士学位论文，武汉大
学，2018。

黄立勋：《试论哲学意义的价值本质——从"价值"概念的起源谈
起》，《西南民族学院学报》（哲学社会科学版）2001 年第 9 期。

黄湘萌：《绿色供应链压力下企业社会责任的价值驱动分析——基于
江苏省中小企业的实证研究》，《金融经济》2017 年第 22 期。

黄伊琳：《高新企业技术研发中管理会计的应用价值及实践》，《审计
与理财》2019 年第 5 期。

霍明奎：《基于信息生态理论的供应链信息传递模式与传递效率研
究》，博士学位论文，吉林大学，2015。

蒋丽君：《基于价值链的生产型企业成本管理探析》，《财会学习》
2020 年第 9 期。

焦锦晖：《大力加强成本管控，有效推动保险公司价值创造的研究》，

《会计师》2015 年第 12 期。

焦文娟:《简析管理会计与企业价值创造》,《商》2014 年第 6 期。

康霞、赵晶:《价值链、价值创造与管理会计关系研究》,《财会通讯》2007 年第 6 期。

李保东:《企业组织文化对组织认同影响的实证分析》,《统计与决策》2013 年第 15 期。

李勃、李随成、张延涛:《制造企业主导的供应商网络结构分析及实证研究》,《西安理工大学学报》2013 年第 2 期。

李海舰、冯丽:《企业价值来源及其理论研究》,《中国工业经济》2004 年第 3 期。

李惠璠、罗海成、姚唐:《企业形象对顾客态度忠诚与行为忠诚的影响模型——来自零售银行业的证据》,《管理评论》2012 年第 6 期。

李婧、贺小刚:《股权集中度与创新绩效:国有企业与家族企业的比较研究》,《商业经济与管理》2012 年第 10 期。

李静芳:《基于时间竞争的供应商关系管理实证研究》,《物流科技》2005 年第 8 期。

李钧、柳志娣、王振源、王路:《高管团队创新意愿、决策能力与创业企业创新绩效——研发组织水平的调节效应》,《南京财经大学学报》2020 年第 1 期。

李连燕、张东廷:《高新技术企业智力资本价值创造效率的影响因素分析——基于研发投入、行业竞争与内部现金流的角度》,《数量经济技术经济研究》2017 年第 5 期。

李锐:《业财融合视角的管理会计价值创造路径探析》,《财会学习》2019 年第 31 期。

李向前:《企业价值研究》,博士学位论文,吉林大学,2005。

李雪:《物流服务能力对顾客价值创造的影响研究——基于跨境电子

商务背景》，硕士学位论文，太原理工大学，2017。

李怡靖：《企业能力理论综述》，《云南财贸学院学报》2003 年第 5 期。

李勇：《供应链中分销配送优化模型及算法研究》，博士学位论文，重
　　庆大学，2005。

刘宝宏：《管理理论学派纷争的原因探析》，《经济管理》2004 年第
　　19 期。

刘丹、李进：《顾客价值创造与管理会计发展》，《财经理论与实践》
　　2009 年第 4 期。

刘东：《企业标准化管理与提升产品研发能力的探讨》，《机械工业标
　　准化与质量》2017 年第 12 期。

刘刚：《基于利益相关者关系质量改进的商业模式价值创造分析》，
　　《商业经济与管理》2015 年第 3 期。

刘海燕：《价值链会计下的企业质量成本管理》，《中国新技术新产品》
　　2011 年第 13 期。

刘敬芝、焦文娟：《管理会计与企业价值创造——兼论管理会计的应
　　用与发展》，《河北经贸大学学报》2015 年第 6 期。

刘莉、刘正军、仲伟俊：《购买商——供应商规制模式及其对管理会
　　计信息要求的分析》，《事业财会》2007 年第 2 期。

刘丽、张宁：《顾客感知价值、满意度与忠诚度的关系研究——电子
　　商务环境下的实证分析》，《信息资源管理学报》2016 年第 3 期。

刘书庆、董丽娜：《质量改进有效性对产品实现过程影响实证研究》，
　　《工业工程与管理》2014 年第 6 期。

刘树成主编《现代经济辞典》，凤凰出版社、江苏人民出版社，2005。

刘翔：《协同管理方法研究》，《技术经济与管理研究》2004 年第 5 期。

刘英明：《探析如何从客户角度提升产品质量价值》，《经济师》2017
　　年第 4 期。

刘志辉：《风险矩阵视阈下政府购买服务的风险评估——基于对 174 个

社会组织的调查研究》,《长白学刊》2019 年第 1 期。

吕绚丽:《制造企业自主研发能力评价及提升对策研究》,博士学位论
　　文,合肥工业大学,2012。

〔美〕罗伯特·卡普兰、大卫·诺顿:《平衡计分卡:化战略为行动》,
　　刘俊勇、孙薇译,广东经济出版社,2013。

〔美〕罗伯特·卡普兰、戴维·诺顿:《战略中心型组织》,上海博意
　　门咨询有限公司译,北京联合出版公司,2017。

罗珉、李永强:《西方后现代管理思潮评述》,《财经科学》2002 年第
　　3 期。

〔美〕罗纳德·哈里·科斯:《企业、市场与法律》,盛洪、陈郁译校,
　　上海三联书店,1990。

罗茜:《基于目标成本管理的 H 公司成本控制研究》,博士学位论文,
　　华南理工大学,2019。

罗银舫、郭黎、王高:《高管团队人力资本、创新战略与企业价
　　值——基于高技术企业的经验数据》,《财会通讯》2015 年第
　　17 期。

罗跃龙:《企业的起源及其权利逻辑研究》,博士学位论文,西南交通
　　大学,2006。

马鸿佳、董保宝、葛宝山:《高科技企业网络能力、信息获取与企业
　　绩效关系实证研究》,《科学学研究》2010 年第 1 期。

马鸿佳、董保宇、葛宝山、罗德尼·若宁:《创业导向、小企业导向
　　与企业绩效关系研究》,《管理世界》2009 年第 9 期。

〔德〕马克思:《资本论(第一卷)》,中共中央编译局译,人民出版
　　社,2004。

〔美〕迈克尔·波特:《竞争优势》,陈小悦译,华夏出版社,1997a。

〔美〕迈克尔·波特:《竞争战略》,陈小悦译,华夏出版社,1997b。

美国管理会计师协会:《管理会计公告(第 2 辑)》,刘霄仑主译,人

民邮电出版社，2013。

〔美〕欧文·费雪：《资本和收入的性质》，谷宏伟、卢欣译，商务印书馆，2017。

潘红霞：《亚里士多德价值哲学思想研究》，硕士学位论文，华中科技大学，2008。

冉秋红：《智力资本管理会计研究》，博士学位论文，武汉大学，2005。

芮明杰：《管理学》，上海人民出版社，1999。

沙秀娟、王满：《管理会计工具研究综述：回顾和展望》，《财会月刊》2019 年第 9 期。

沙秀娟、王满、钟芳、叶香君、王艺璇：《价值链视角下的管理会计工具重要性研究——基于中国企业的问卷调查与分析》，《会计研究》2017 年第 4 期。

宋华、卢强：《产业企业主导的供应链金融如何助力中小企融资——一个多案例对比研究》，《经济理论与经济管理》2017a 年第 12 期。

宋华、卢强：《基于虚拟产业集群的供应链金融模式创新：创捷公司案例分析》，《中国工业经济》2017b 年第 5 期。

宋华、卢强：《什么样的中小企业能够从供应链金融中获益？——基于网络和能力的视角》，《管理世界》2017c 年第 6 期。

隋静、和金生、于建成：《质量管理过程知识创新研究》，《科学学与科学技术管理》2010 年第 9 期。

孙蕾：《目标成本管理在企业经营管理中的应用浅析》，《中国乡镇企业会计》2020 年第 6 期。

孙茂竹、李华、王艳茹：《基于可持续发展的成本动因研究》，《科研管理》2013 年第 S1 期。

孙茂竹、文光伟、杨万贯：《管理会计学（第六版）》，中国人民大学出版社，2012。

孙敏、张彦：《公司治理、企业社会责任与企业价值》，《会计之友》

2012 年第 10 期。

汤建影、黄瑞华：《研发联盟企业间知识共享影响因素的实证研究》，《预测》2005 年第 5 期。

王斌、顾惠忠：《内嵌于组织管理活动的管理会计：边界、信息特征及研究未来》，《会计研究》2014 年第 1 期。

王斌、任晨煜、卢闯、焦焰：《论管理会计应用的制度属性》，《会计研究》2020 年第 4 期。

王冰洁：《初探企业内部因素对自主创新的影响》，《商场现代化》2014 年第 29 期。

王化成、刘俊勇：《企业业绩评价模式研究——兼论中国企业业绩评价模式选择》，《管理世界》2004 年第 4 期。

王睢：《跨组织资源与企业合作：基于关系的视角》，《中国工业经济》2006 年第 4 期。

王明东：《营销绩效评价体系构建及实证研究》，博士学位论文，吉林大学，2011。

王平心、韩新民、靳庆鲁：《作业成本计算、作业管理及其在我国应用的现实性》，《会计研究》1999 年第 8 期。

王清刚：《企业社会责任管理中的风险控制研究——以 BJNY 集团的环境、健康和安全管理为例》，《会计研究》2012 年第 10 期。

王世民、陶梦真：《A 公司多维度盈利能力探究》，《商场现代化》2020 年第 5 期。

王伟、宋雨：《基于模块化制造网络的企业价值创造研究综述》，《大连海事大学学报》（社会科学版）2016 年第 3 期。

王学军、孙炳：《效率型商业模式、双元营销能力与价值创造的关系——基于关系嵌入的调节作用》，《现代财经》2017 年第 6 期。

吴尚蔚：《管理会计在现代企业管理中的职能》，《财会月刊》2004 年第 8 期。

夏征农主编《辞海》，上海辞书出版社，1999。

向鲜花：《分销渠道作业预算基本框架设计》，《财会月刊》2011年第15期。

谢德仁：《财务报表的逻辑：瓦解与重构》，《会计研究》2001年第10期。

谢志华、敖小波：《管理会计价值创造的历史演进与逻辑起点》，《会计研究》2018年第2期。

熊云：《有效运用管理会计　促进财务职能转变》，《中国总会计师》2015年第9期。

徐颖、陈静、向永胜：《基于顾客价值创造的品牌形象策略研究》，《营销界》2019年第42期。

薛佳奇、王永贵：《前瞻型和反应型顾客导向对创新绩效的影响——分销网络特征的调节作用》，《经济管理》2013年第12期。

阎达五：《价值链会计研究回顾与展望》，《会计研究》2004年第2期。

杨美丽：《管理会计知识与方法运用状况调研》，《财会月刊》2013年第7期。

杨琴、陈汀、余玮：《基于平衡记分卡和约束理论的供应链多指标模糊综合评价》，《铁道货运》2008年第1期。

杨世忠、林志军、胡洋洋：《战略质量成本管理：质量成本管理新发展》，《管理会计研究》2018年第1期。

杨小凯、黄有光：《专业化与经济组织：一种新兴古典微观经济学框架》，经济科学出版社，2000。

姚雪芳、丁锦希、邵蓉、程璨：《中外创新药物研发能力比较分析——基于医药技术创新评价体系的实证研究》，《中国新药杂志》2010年第24期。

姚远：《管理会计与企业价值创造》，《财政监督》2016年第9期。

叶晓甦、石世英、刘李红：《PPP项目价值创造驱动要素及其作用机理》，《地方财政研究》2017 年第 9 期。

尹贻林、徐志超：《工程项目中信任、合作与项目管理绩效的关系——基于关系治理视角》，《北京理工大学学报》（社会科学版）2014 年第 6 期。

于洪彦、刘容、郑道武：《基于价值共创理论的互动导向量表开发》，《营销科学学报》2017 年第 13 期。

余海晴：《组织间合作创新价值创造与分享机理研究》，博士学位论文，吉林大学，2013。

余绪缨：《现代管理会计是一门有助于提高经济效益的学科》，《会计研究》1983 年第 6 期。

袁广达、龙雷：《公司目标成本管理模式的实证分析》，《江苏商论》2006 年第 12 期。

袁青燕：《价值网的竞争优势形成机理研究》，博士学位论文，江西财经大学，2013。

曾祥飞、陈良华、祖雅菲：《管理会计能力观下我国企业预算管理的业绩效应研究——来自长三角地区高科技企业的问卷调查》，《会计研究》2019 年第 2 期。

张川、黄夏燕：《供应商成本信息披露如何提升制造商治理绩效?》，《会计之友》2019 年第 10 期。

张杰：《中国关键核心技术创新的特征、阻碍和突破》，《江苏行政学院学报》2019 年第 2 期。

张婧、邓卉：《品牌价值共创的关键维度及其对顾客认知与品牌绩效的影响：产业服务情境的实证研究》，《南开管理评论》2013 年第 2 期。

张军果：《供应链上下游企业合作研发博弈分析》，《华中师范大学学报》（自然科学版）2007 年第 2 期。

张露露：《高技术企业市场信号感知能力与研发柔性关系》，《重庆理工大学学报》（社会科学版）2013 年第 11 期。

张人千、魏法杰、谭甄：《基于成本的车间作业优化模型及实证研究》，《中国管理科学》2002 年第 5 期。

张水珠：《论目标成本法在企业成本管理中的应用措施》，《财会学习》2018 年第 23 期。

张旺军：《现代管理会计的发展及职能定位》，《山西财经大学学报》（高等教育版）2001 年第 2 期。

张玮、刘延平：《在不同导向组织文化对员工职业成长的影响研究——基于多群组结构方程的统计分析》，《统计与信息论坛》2015 年第 8 期。

张玮、刘延平：《组织文化对组织承诺的影响研究——职业成长的中介作用检验》，《管理评论》2015 年第 8 期。

张五常：《企业的契约性质》，上海三联书店，1996。

张晓春：《高新技术企业价值与非财务影响因素关系的实证研究》，博士学位论文，哈尔滨工业大学，2007。

张雁、王涛：《正式化组织结构情境下组织学习对价值创造的影响》，《财经问题研究》2012 年第 10 期。

张永：《分销渠道成本控制的基本途径》，《管理世界》2009 年第 3 期。

赵恩北：《零售品牌形象、感知价值与消费者惠顾行为关系探讨》，《商业经济研究》2019 年第 22 期。

赵一玮：《供应商价值创造的维度及其影响因素研究》，硕士学位论文，西安理工大学，2011。

赵徵羽、赵迎欢：《企业社会责任价值创造机理探析——基于系统研究方法》，《管理观察》2018 年第 2 期。

郑淑华：《平衡计分卡在医院经济管理中的应用研究》，《经济问题探索》2013 年第 12 期。

钟芳、王满、周鹏：《供应链下的管理会计工具整合运用与企业绩效》,《华东经济管理》2019 年第 1 期。

周驷华、万国华:《电子商务对制造企业供应链绩效的影响:基于信息整合视角的实证研究》,《管理评论》2017 年第 1 期。

周伟:《管理理论丛林发展研究评介》,《社会科学战线》2008 年第 1 期。

诸波、李余:《基于价值创造的企业管理会计应用体系构建与实施》,《会计研究》2017 年第 6 期。

庄晋财、陈剑林:《区域经济中大小企业共生机理及模式选择》,《财经科学》2004 年第 4 期。

Ahuja, G. , "Collaboration Networks, Structural Holes and Innovation: A Longitudinal Study," *Administrative Science Quarterly* 45 (2000): 425 – 455.

Ajmera, A. , Cook, J. , "A Multi-Phase Framework for Supply Chain Integration," *SAM Advanced Management Journal* 74 (2009): 37.

Alchian, A. , Demsetz, H. , "Production , Information Costs, and Economic Organization," *American Economic Review* 62 (1972): 777 – 795.

Anderson, J. , Williams, B. , "Unbundling the Mobile Value Chain," *Business Strategy Review* 15 (2004): 51 – 57.

Anderson, J. C. , Narus, J. A. , "Business Marketing: Understand What Customers Value," *Harvard Business Review* 76 (1998): 53 – 65.

Andrea, L. , Luciano, F. , "The Capabilities of the Transnational Firm: Accessing Knowledge and Leveraging Inter-firm Relationships," *European Management Journal* 17 (1999): 655 – 667.

Burn, J. M. , "Information Systems Strategies and the Management of Organizational Change-A Strategic Alignment Model," *Journal of Information Technology* 8 (1993): 205 – 216.

Day, D. L. , "Raising Radicals: Different Processes for Championing Innovative Corporate Ventures," *Organization Science* 5 (1994): 148 – 172.

Day, G. S. , "Managing Market Relationships," *Journal of the Academy of Marketing Science* 28 (2000): 24 – 30.

Day, G. S. , "The Capabilities of Market-Driven Organizations," *Journal of Marketing* 58 (1994): 37 – 52.

Dubois, A. , Araujo, L. , "Case Research in Purchasing and Supply Management: Opportunities and Challenges," *Journal of Purchasing & Supply Management* 13 (2007): 170 – 181.

Dutta, B. , Ghosal, S. , Ray, D. , "Farsighted Network Formation," *Journal of Economic Theory* 122 (2005): 143 – 164.

Dyer, J. , Nobeoka, K. , "Creating and Managing a High Performance Knowledge-Sharing Network: The Toyota Case," *Strategic Management Journal* 21 (2000): 345 – 367.

Dyer, J. H. , Singh, H. , "The Relational View: Cooperative Strategy and Sources of Interorganizational Competitive Advantage," *Academy of Management Review* 23 (1998): 660 – 679.

Fisher, I. , *The Nature of Capital and Income* (New York: Macmillan, 1906), pp. 145 – 156.

Flint, J. , "Governing Independence and Expertise: The Business of Housing Associations," *Social & Legal Studies* 20 (2011): 266.

Frohlich, M. T. , Westbrook, R. , "Arcs of Integration: An International Study of Supply Chain Strategies," *Journal of Operations Management* 19 (2001): 185 – 200.

Frohlich, M. T. , Westbrook, R. , "Demand Chain Management in Manufacturing and Services: Web-based Integration, Drivers and Performance," *Journal of Operations Management* 20 (2002): 729 – 745.

Gietzmann, M. B. , Trombetta, M. , "Disclosure Interactions: Accounting Policy Choice and Voluntary Disclosure Effects on the Cost of Capital," *SSRN Working Papers*, 2000.

Gietzmann, M. B. , "Incomplete Contracts and the Make or Buy Decision Governance Design and Attainable Flexibility," *Accounting, Organizations and Society* 21 (1996): 611 – 626.

Gribbins, R. E. , Hunt, S. D. , "Is Management a Science?," *The Academy of Management Review* 1 (1978): 15 – 27.

Grindley, P. C. , Teece, D. J. , "Managing Intellectual Capital: Licensing and Cross-Licensing in Semiconductors and Electronics," *California Management Review* 39 (1997): 8 – 41.

Gronroos, C. , "A Service Perspective on Business Relationships: The Value Creation, Interaction and Marketing Interface," *Industrial Marketing Management* 40 (2011): 240 – 247.

Gronroos, R. A. , "The Value Concept and Relationship Marketing," *European Journal of Marketing* 30 (1996): 19 – 30.

Grossman, S. , Hart, O. , "The Costs and Benefits of Ownership: A Theory of Vertical and Lateral Integration," *Journal of Political Economy* 94 (1986): 691 – 719.

Hamol, G , Prahalad, C. K. , "Strategic Intent," *Harvard Business Review* 67 (1989): 63 – 76.

Harrison, D. A. , Klein, K. J. , "What's the Difference? Diversity Constructs As Separation, Variety or Disparity in Organizations," *Academy of Management Review* 32 (2007): 1199 – 1228.

Haspeslagh, P. , Noda, T. , Boulos, F. , "Managing for Value. It's Not just about the Members," *Harvard Business Review* 79 (2001): 64 – 73.

Hempel, C. G. , *Philosophy of Natural Science* (Englewood Cliffs, NJ: Prentice-Hall, 1966), pp. 534 – 546.

Heskett, J. L. , Sasser, W. E. , Schlesinger, L. A. , *The Service Profit Chain: How Leading Companies Link Profit and Growth to Loyalty, Satisfaction, and Value* (New York: Free Press, 1997), pp. 23 – 29.

Hillebrand, B. , Biemans, W. G. , "Links between Internal and External Cooperation in Product Development: An Exploratory Study," *Journal of Product Innovation Management* 21 (2004): 110 – 122.

Hinkin, T. R. , "A Review of Scale Development Practices in the Study of Organizations," *Journal of Management* 21 (1995): 967 – 988.

Ittner, C. D. , Larcker, D. F. , "Assessing Empirical Research in Managerial Accounting: A Value-based Management Perspective," *Journal of Accounting and Economics* 32 (2001): 349 – 410.

Jarvenpaa, S. L. , Staples, D. S. , "The Use of Collaborative Electronic Media for Information Sharing: An Exploratory Study of Determinants," *The Journal of Strategic Information Systems* 9 (2000): 129 – 154.

Kaplan, R. , Norton, D. , " The Balanced Scorecard—Measures that Drive Performance," *Harvard Business Review* 70 (1992): 71 – 79.

Kim, S. W. , Narasimhan, R. , "Information System Utilization in Supply Chain Integration Efforts," *International Journal of Production Research* 40 (2002): 4585 – 4609.

Koontz, H. , "The Management Theory Jungle Revisited," *The Academy of Management Review* 2 (1980): 15 – 41.

Kotler, P. , "Marketing Management Analysis, Planning, Implementation and Control," *Prentice Hall International* 20 (1999): 123 – 132.

Leong, G. K. , Snyder, D. L. , Ward, P. T. , "Research in the Process and Content of Manufacturing Strategy," *Journal of Operations Man-*

agement 18 （1990）：8 - 21.

Macdonald, S. , J. Kam, "Ring a Ring O'Rose: Quality Journals and Gamesmanship in Management Studies," *Journal of Management Studies* 44 （2007）：640 - 655.

McNamara, P. , "Knowledge Based Strategic Alliance and Value Creation: A Study of Biotechnology Firms Quoted on the London Stock Exchange," *Irish Business and Administrative Research* 119 （1998）：99 - 117.

Menguc, B. , Auh, S. , "Development and Return on Execution of Product Innovation Capabilities: The Role of Organizational Structure," *Industrial Marketing Management* 39 （2010）：820 - 831.

Mithas, S. , Krishnan, M. S. , Fornell, C. , "Why Do Customer Relationship Management Applications Affect Customer Satisfaction?," *National Marketing Review* 69 （2005）：201 - 209.

Modigliani, F. , Miller, M. H. , "The Cost of Capital, Corporation Finance and the Theory of Investment," *The American Economic Review* 22 （1958）：261 - 297.

Moller, C. , "The Role of Enterprise Systems in Supply Chain Networks: A Taxonomy of Supply Chain Strategies," *Networking and Virtual Organisations* 3 （2006）：156 - 171.

Moon, H. , Miller, D. R , Kim, S. H. , "Product Design Innovation and Customer Value: Cross-Cultural Research in the United States and Korea," *Journal of Product Innovation Management* 30 （2013）：31 - 43.

Moran, P. , Ghoshal, S. , Hahn, M. , "Management Competence, Firm Growth and Economic Progress," *Contributions to Political Economy* 18 （1999）：125 - 150.

Narasimhan, R. , Kim, S. W. , "Effect of Supply Chain Integration on the Relationship between Diversification and Performance: Evidence from Japanese and Korean Firms," *Journal of Operations Management* 20 (2002): 303 – 323.

Narver, J. C. , Slater, S. F. , Maclachlan, D. L. , "Responsive and Proactive Market Orientation and New-Product Success," *Journal of Product Innovation Management* 21 (2004): 334 – 347.

Narver, J. C. , Slater, S. F. , "The Effect of a Market Orientation on Business Profitability," *National Marketing Review* 54 (1990): 20 – 35.

Ngo, L. V. , O'Cass, A. , "Creating Value Offerings Via Operant Resource-Based Capabilities," *Industrial Marketing Management* 38 (2009): 45 – 59.

Norreklit, H. , Mitchell, F. , "Contemporary Issues on the Balance Scorecard," *Journal of Accounting & Organizational Change* 10 (2014): 405 – 423.

Oliver, R. L. , "Cognitive, Affective, and Attribute Bases of the Satisfaction Response," *Journal of Consumer Research* 20 (1993): 418 – 430.

Oliver, R. L. , "Value As Excellence in the Consumption Experience," *Journal of Business-to-Business Marketing* 10 (1998): 79 – 98.

Podsakoff, P. M. , Organ, D. W. , "Self-Reports in Organizational Research: Problems and Prospects," *Journal of Management* 12 (1986): 531 – 544.

Prahalad, C. K. , Hamel, G. , "The Core Competence of the Corporation," *Harvard Business Review* 68 (1990): 79 – 91.

Reidenbach, R. E. , Robin, D. P. , "A Response to 'on Measuring Ethical Judgments'," *Journal of Business Ethics* 14 (1995): 159 – 162.

Saeidi, S. P. , et al. , "How Does Corporate Social Responsibility Contribute to Firm Financial Performance? The Mediating Role of Competitive Advantage, Reputation, and Customer Satisfaction," *Journal of Business Research* 68 (2015): 341 – 350.

Seidl, D. , *Niklas Luhmann and Organization Studies* (Copenhagen: Copenhagen Business School Press, 2005), pp. 15 – 47.

Senge, P. M. , "Fifth Discipline: The Art and Practice of the Learning Organization," *Performance Improvement* 39 (1990): 8 – 21.

Shank, J. K. , Govindarajan,V. , "Strategic Cost Management: The Value Chain Perspective," *Management Accounting Research* 4 (1992): 179 – 197.

Sheth, J. N. , Newman, B. I. , Gross, B. L. , *Consumption Values and Market Choices: Theory and Applications* (Cincinnati: South-Western Publishing, 1991), pp. 175 – 210.

Slywotzky, A. J. , Morrison, D. J. , *The Profit Zone: How Strategic Business Design will Lead you to Tomorrow's Trofits* (New Jersey: John Wiley & Sons, 1998).

Starkey, K. , Madan, P. , "Bridging the Relevance Gap: Aligning the Stakeholders in the Future of Management Research, " *British Journal of Management* 12 (2001): 3 – 6.

Stasser, G. , Vaughan, S. I. , Stewart, D. D. , "Pooling Unshared Information: The Benefits of Knowing How Access to Information Is Distributed Among Group Members," *Organizational Behavior and Human Decision Processes* 82 (2000): 102 – 116.

Stoelhorst, J. W. , "Why Is Management Not an Evolutionary Science? Evolutionary Theory in Strategy and Organization," *Journal of Management Studies* 45 (2008): 1008 – 1023.

Takeishi, A. , Fujimoto, T. , "Automobiles: Strategy-based Lean Production System," *RePEc* 6 (2001): 34 – 52.

Teece, D. J. , Pisano, G. , Shuen, A. , "Dynamic Capabilities and Strategic Management," *Strategic Management Journal* 18 (1997): 509 – 523.

Tretyak, O. A. , Sloev, I. , "Customer Flow: Evaluating the Long-term Impact of Marketing on Value Creation," *Journal of Business & Industrial Marketing* 28 (2013): 221 – 228.

Vargo, S. L. , Lusch, R. F. , "From Repeat Patronage to Value Co-creation in Service Ecosystems: A Transcending Conceptualization of Relationship," *Journal of Business Market Management* 4 (2010): 169 – 179.

Veen-Dirks, P. M. G. , Verdaasdonk, P. J. A. , "The Dynamic Relation between Management Control and Governance Structure in a Supply Chain Context," *Supply Chain Management: An International Journal* 14 (2009): 466 – 478.

Wider, M. D. , Dunbar, J. C. , Duhaime, P. M. Q. , "Identification of an Alpha-adrenoceptor Binding Inhibitor: Possible Implications in Diabetes Mellitus, " *Acta Diabetologica Latina* 22 (1985): 263 – 269.

Winter, S. G. , "The Satisfying Principle in Capability Learning," *Strategic Management Journal* 21 (2000): 981 – 996.

Winter, S. G. , "Understanding Dynamic Capabilities," *Strategic Management Journal* 24 (2003): 991 – 995.

Woodruff, R. B. , "Customer Value: The Next Source for Competitive Advantage," *Journal of the Academy of Marketing Science* 25 (1997): 139 – 153.

Wright, T. A. , Quick, J. C. , "The Role of Positive-based Research in Building the Science of Organizational Behavior," *Journal of Organiza-*

tional Behavior 30 （2009）: 329 – 336.

Yauch, C. A. , Steudel, H. J. , "Complementary Use of Qualitative and Quantitative Cultural Assessment Methods," *Organizational Research Methods* 6 （2003）: 465 – 481.

Yin, R. K. , *Case Study Research, Design and Methods* （Newbury Park, CA: Sage, 2002）, pp. 3 – 5.

Zaheer, A. , Bell, G. G. , "Benefiting from Network Position: Firm Capabilities, Structural Holes, and Performance," *Strategic Management Journal* 26 （2005）: 809 – 825.

Zedeck, S. , "Editorial," *Journal of Applied Psychology* 88 （2003）: 3 – 5.

Zeithaml, V. A. , "Consumer Perceptions of Price, Quality, and Value: A Means-End Model and Synthesis of Evidence," *Journal of Marketing* 52 （1988）: 2 – 22.

| 附录 |

管理会计与企业价值创造调查问卷

尊敬的先生/女士:

您好!

感谢您抽出宝贵的时间来填写此次问卷。该问卷旨在调查管理会计工具对企业价值创造能力的影响研究,答案无对错之分,请您选择最接近您看法的选项。

您所填写的问卷信息仅供学术用途,所获取的信息不会用于任何商业目的,并将严格保密,请您放心作答。如果贵公司对该研究结果感兴趣,我们会将此研究的分析结论发送给您。由于问卷调查数据对本书研究过程非常重要,请您务必认真作答。同时对给您造成的不便表示歉意,非常感谢您的支持!

敬祝:

身体健康,工作顺利!

吉林财经大学会计学院

第一部分　个人及其所在企业相关信息

请结合贵公司实际情况,对如下选项进行选择。

□贵公司所在的行业（　　　）。

a. 制造业

b. 医药研发和生产行业

c. 批发和零售业

d. 信息传输、软件和信息技术服务业

e. 交通运输、仓储和邮政业

f. 农、林、牧、渔业

g. 其他行业

□贵公司所在的区域（　　　）。

a. 东北地区　　　　　　　　b. 东部沿海地区

c. 西部地区　　　　　　　　d. 西南地区

□贵公司的产权性质（　　　）。

a. 民营企业　　　　　　　　b. 国有企业

c. 中外合资企业　　　　　　d. 外商独资企业

e. 其他

□贵公司年营业收入大概是多少（　　　）。

a. 1000 万元以下

b. 1000 万元（含）至 5000 万元

c. 5000 万元（含）至 1 亿元

d. 1 亿元（含）以上

□贵公司员工人数（　　　）。

a. 20 人以下　　　　　　　　b. 20 ~ 300 人

c. 300 ~ 1000 人　　　　　　d. 1000 人及以上

□贵公司资产总额大概是多少（　　　）。

a. 1000 万元以下　　　　　　b. 1000 万 ~ 4000 万元

c. 4000 万元及以上

□您的职位是（　　　）。

a. 高层管理者   b. 中层管理者

c. 基层管理者   d. 普通职员

e. 其他

□您在贵公司的任职年限（   ）。

a. 3 年以下   b. 3 ~ 5 年   c. 5 ~ 8 年   d. 8 年及以上

□贵公司年龄（   ）。

a. 2 年以下   b. 2 ~ 5 年   c. 5 ~ 10 年   d. 10 ~ 15 年

e. 15 年及以上

□您的学历（   ）。

a. 中专及以下   b. 大专

c. 本科   d. 研究生及以上

□您对下列哪些名词有所耳闻或者了解？（   ）（多选）。

a. 作业成本法   b. 价值链管理

c. 平衡计分卡   d. 战略地图

e. 变动成本法   f. 均无

第二部分　管理会计工具使用程度

请贵公司结合实际经营情况，对如下管理会计工具的使用频率做出选择。

□战略地图：绘制战略地图，并根据战略地图确定企业战略重点（   ）。

1. 从不使用   2. 较少使用   3. 一般   4. 经常使用

5. 频繁使用

□价值链管理：对各价值链节点，如采购、设计、生产、销售和售后服务等进行分析管理，精简作业环节，并关注供应商和竞争对手（   ）。

1. 从不使用　　　2. 较少使用　　　3. 一般　　　4. 经常使用

5. 频繁使用

□滚动预算：预算编制逐期向后滚动，始终保持固定期间（　　）。

1. 从不使用　　　2. 较少使用　　　3. 一般　　　4. 经常使用

5. 频繁使用

□零基预算：以零为起点编制预算（　　）。

1. 从不使用　　　2. 较少使用　　　3. 一般　　　4. 经常使用

5. 频繁使用

□弹性预算：在分析业务量与预算项目之间数量关系的基础上，分别确定不同业务量及其对应的预算项目数（　　）。

1. 从不使用　　　2. 较少使用　　　3. 一般　　　4. 经常使用

5. 频繁使用

□作业预算：将企业生产流程划分作业，并制定作业预算（　　）。

1. 从不使用　　　2. 较少使用　　　3. 一般　　　4. 经常使用

5. 频繁使用

□全面预算：编制经营预算、财务预算和资本性支出预算等，并由各部门、各级人员全员参与预算编制（　　）。

1. 从不使用　　　2. 较少使用　　　3. 一般　　　4. 经常使用

5. 频繁使用

□目标成本法：给定价格和期望利润水平，进而确定目标成本，设计运营流程（　　）。

1. 从不使用　　　2. 较少使用　　　3. 一般　　　4. 经常使用

5. 频繁使用

□标准成本法：标准成本的制定、标准成本与实际成本的差异的计算和分析（　　）。

1. 从不使用　　　2. 较少使用　　　3. 一般　　　4. 经常使用

5. 频繁使用

□变动成本法：成本核算区分变动生产成本和固定生产成本，变动生产成本计入产品成本，固定生产成本和非生产成本不计入产品成本（　　）。

1. 从不使用　　　2. 较少使用　　　3. 一般　　　4. 经常使用

5. 频繁使用

□作业成本法：将企业生产流程划分作业，并计算作业成本和产品成本（　　）。

1. 从不使用　　　2. 较少使用　　　3. 一般　　　4. 经常使用

5. 频繁使用

□生命周期成本法：量化和分析整个生命周期（产品需求、规划设计、生产经营、回收处置）的所有成本（　　）。

1. 从不使用　　　2. 较少使用　　　3. 一般　　　4. 经常使用

5. 频繁使用

□本量利分析：利用成本、销售数量、价格和利润之间的关系制订销售和生产计划（　　）。

1. 从不使用　　　2. 较少使用　　　3. 一般　　　4. 经常使用

5. 频繁使用

□敏感性分析：对影响目标利润、成本或销量等实现的因素变化进行量化分析，以确定各因素变化对目标的影响及其敏感程度（　　）。

1. 从不使用　　　2. 较少使用　　　3. 一般　　　4. 经常使用

5. 频繁使用

□边际分析：在评价既定产品或项目的获利水平时，对因产品或项目的可变因素的变动而引起其他相关可变因素变动的情况进行分析（　　）。

1. 从不使用　　　2. 较少使用　　　3. 一般　　　4. 经常使用

5. 频繁使用

□多维度盈利能力分析：对经营成果，按照区域、产品、部门、顾客、渠道、员工等维度进行计量，并分析盈亏动因（　　）。

1. 从不使用　　　2. 较少使用　　　3. 一般　　　4. 经常使用

5. 频繁使用

□标杆管理：参照标杆企业先进的业务流程和管理方式，不断改进和创新（　　）。

1. 从不使用　　　2. 较少使用　　　3. 一般　　　4. 经常使用

5. 频繁使用

□全面质量管理：系统地、持续地改进产品质量、流程和服务的全面质量管理（　　）。

1. 从不使用　　　2. 较少使用　　　3. 一般　　　4. 经常使用

5. 频繁使用

□贴现现金流法：在投资项目的决策中，考虑项目各期现金流入、流出的现值，并将其作为决策的依据（　　）。

1. 从不使用　　　2. 较少使用　　　3. 一般　　　4. 经常使用

5. 频繁使用

□项目管理：在项目管理过程中，邀请项目参与者共同合作，通过挣值法、成本效益法或价值工程法对各项资源进行计划、组织、协调和控制（　　）。

1. 从不使用　　　2. 较少使用　　　3. 一般　　　4. 经常使用

5. 频繁使用

□资本成本分析：对资本筹集费用和占用费用进行分析（　　）。

1. 从不使用　　　2. 较少使用　　　3. 一般　　　4. 经常使用

5. 频繁使用

□关键绩效指标法：在绩效指标的制定中，通过对企业战略目标、关键成果领域的绩效特征分析，选择最能有效驱动企业价值创造的指标（　　）。

1. 从不使用　　　2. 较少使用　　　3. 一般　　　4. 经常使用

5. 频繁使用

□经济增加值法：按照国资委或监管机关的要求，利用经济增加值对企业自身业绩进行评价（　　　）。

1. 从不使用　　　2. 较少使用　　　3. 一般　　　4. 经常使用

5. 频繁使用

□平衡计分卡：将财务、顾客、内部流程和学习创新四个维度作为绩效评价的依据（　　　）。

1. 从不使用　　　2. 较少使用　　　3. 一般　　　4. 经常使用

5. 频繁使用

□风险矩阵：按照风险发生的可能性和风险发生后果的严重程度，绘制风险及其等级矩阵图（　　　）。

1. 从不使用　　　2. 较少使用　　　3. 一般　　　4. 经常使用

5. 频繁使用

□风险清单：根据自身战略、业务特点和风险管理要求等，以表单形式进行风险识别、风险分析、风险应对、风险报告和沟通等管理活动（　　　）。

1. 从不使用　　　2. 较少使用　　　3. 一般　　　4. 经常使用

5. 频繁使用

第三部分　价值创造影响因素

请贵公司结合实际经营情况或者相关经验数据，对如下问题进行作答，涉及等级程度的题目，答案将其分为 5 个等级。

（一）企业研发能力评价

□贵公司研发资金占总资产比重（　　　）。

1. 很小　　　2. 较小　　　3. 基本可以　　　4. 较大

5. 很大

□贵公司研发人员占总人员比重（　　　）。

1. 很小　　　　2. 较小　　　　3. 基本可以　　　　4. 较大

5. 很大

□贵公司研发人员学历程度（　　　）。

1. 大专　　　　2. 本科　　　　3. 硕士　　　　　4. 博士

5. 博士后

□贵公司研发人员从事研发工作时间（　　　）。

1. 1～2 年　　　　　　　　2. 3～5 年

3. 6～10 年　　　　　　　4. 11～20 年

5. 21 年及以上

□贵公司专利获批数量（　　　）。

1. 很少　　　　2. 较少　　　　3. 基本可以　　　　4. 较多

5. 很多

□贵公司新产品研发成本（　　　）。

1. 很小　　　　2. 较小　　　　3. 基本可以　　　　4. 较大

5. 很大

□贵公司自创研发机构数量（　　　）。

1. 很少　　　　2. 较少　　　　3. 基本可以　　　　4. 较多

5. 很多

□贵公司与科研机构、院校等共建的研发平台数量（　　　）。

1. 很少　　　　2. 较少　　　　3. 基本可以　　　　4. 较多

5. 很多

（二）企业组织运营能力评价

□根据订单需求进行材料采购（　　　）。

1. 完全不符合　　2. 不符合　　　3. 一般　　　　4. 符合

5. 完全符合

□具有严格的库存管理方法（　　　）。

1. 完全不符合　　2. 不符合　　3. 一般　　4. 符合

5. 完全符合

□具有有效的成本控制方法（　　）。

1. 完全不符合　　2. 不符合　　3. 一般　　4. 符合

5. 完全符合

□具有避免浪费的各种措施（　　）。

1. 完全不符合　　2. 不符合　　3. 一般　　4. 符合

5. 完全符合

□部门之间、上下级之间的信息传递速度较快（　　）。

1. 完全不符合　　2. 不符合　　3. 一般　　4. 符合

5. 完全符合

□具有有效的产品质量控制方法（　　）。

1. 完全不符合　　2. 不符合　　3. 一般　　4. 符合

5. 完全符合

□具有有效的绩效管理方法（　　）。

1. 完全不符合　　2. 不符合　　3. 一般　　4. 符合

5. 完全符合

□具有一系列决策的程序和拥有决策能力的高级管理人员（　　）。

1. 完全不符合　　2. 不符合　　3. 一般　　4. 符合

5. 完全符合

□组织层级较少（　　）。

1. 完全不符合　　2. 不符合　　3. 一般　　4. 符合

5. 完全符合

（三）企业分销能力评价

□具有稳定的分销网络，能及时地将产品营销给下游顾客（　　）。

1. 完全不符合　　2. 不符合　　3. 一般　　4. 符合

5. 完全符合

□有多套产品的广告、促销等方案且灵活多变（　　　）。

1. 完全不符合　　　2. 不符合　　　3. 一般　　　　4. 符合

5. 完全符合

□分销过程具有有效的产品质量控制方法（　　　）。

1. 完全不符合　　　2. 不符合　　　3. 一般　　　　4. 符合

5. 完全符合

（四）企业供应商管理能力评价

□与关键供应商共享市场情报信息（　　　）。

1. 完全不符合　　　2. 不符合　　　3. 一般　　　　4. 符合

5. 完全符合

□与关键供应商实时协调物流活动（　　　）。

1. 完全不符合　　　2. 不符合　　　3. 一般　　　　4. 符合

5. 完全符合

□邀请关键供应商参与研发设计产品（　　　）。

1. 完全不符合　　　2. 不符合　　　3. 一般　　　　4. 符合

5. 完全符合

□与关键供应商协调制订生产计划（　　　）。

1. 完全不符合　　　2. 不符合　　　3. 一般　　　　4. 符合

5. 完全符合

□努力与供应商建立长期的合作关系（　　　）。

1. 完全不符合　　　2. 不符合　　　3. 一般　　　　4. 符合

5. 完全符合

（五）企业顾客管理能力评价

□与顾客积极互动以提高产品或服务质量（　　　）。

1. 完全不符合　　　2. 不符合　　　3. 一般　　　　4. 符合

5. 完全符合

□努力与顾客建立长期的合作关系（　　　）。

1. 完全不符合　　2. 不符合　　　3. 一般　　　　4. 符合

5. 完全符合

□具有一套识别和快速响应顾客需求的程序（　　　）。

1. 完全不符合　　2. 不符合　　　3. 一般　　　　4. 符合

5. 完全符合

□为顾客提供的产品或服务没有质量问题（　　　）。

1. 完全不符合　　2. 不符合　　　3. 一般　　　　4. 符合

5. 完全符合

（六）社会责任履行能力评价

□响应政策法规对企业社会责任履行的要求（　　　）。

1. 完全不符合　　2. 不符合　　　3. 一般　　　　4. 符合

5. 完全符合

□重视利益相关者的诉求（　　　）。

1. 完全不符合　　2. 不符合　　　3. 一般　　　　4. 符合

5. 完全符合

□关注社会责任履行带来的经济利益（　　　）。

1. 完全不符合　　2. 不符合　　　3. 一般　　　　4. 符合

5. 完全符合

□高级管理者具备一定的社会责任意识（　　　）。

1. 完全不符合　　2. 不符合　　　3. 一般　　　　4. 符合

5. 完全符合

（七）企业学习能力评价

□具有能够激发员工主动成长的组织管理模式（　　　）。

1. 完全不符合　　2. 不符合　　　3. 一般　　　　4. 符合

5. 完全符合

□员工具有自我超越意识（　　　）。

1. 完全不符合　　2. 不符合　　　3. 一般　　　　4. 符合

5. 完全符合

□企业经常进行团体学习（　　　）。

1. 完全不符合　　　2. 不符合　　　3. 一般　　　4. 符合

5. 完全符合

□企业与员工具有共同的愿景（　　　）。

1. 完全不符合　　　2. 不符合　　　3. 一般　　　4. 符合

5. 完全符合

第四部分　企业价值创造能力

□注重打开新的市场（　　　）。

1. 完全不符合　　　2. 不符合　　　3. 一般　　　4. 符合

5. 完全符合

□能有效获得新顾客（　　　）。

1. 完全不符合　　　2. 不符合　　　3. 一般　　　4. 符合

5. 完全符合

□一贯开发新产品或服务（　　　）。

1. 完全不符合　　　2. 不符合　　　3. 一般　　　4. 符合

5. 完全符合

□产品具有较高的市场占有率（　　　）。

1. 完全不符合　　　2. 不符合　　　3. 一般　　　4. 符合

5. 完全符合

□通过优化管理流程降低成本（　　　）。

1. 完全不符合　　　2. 不符合　　　3. 一般　　　4. 符合

5. 完全符合

□经常影响顾客的购买决定（　　　）。

1. 完全不符合　　　2. 不符合　　　3. 一般　　　4. 符合

5. 完全符合

□通过经营活动提高短期盈利能力（　　　）。

1. 完全不符合　　2. 不符合　　　3. 一般　　　　4. 符合

5. 完全符合

□具有长期的竞争优势（　　　）。

1. 完全不符合　　2. 不符合　　　3. 一般　　　　4. 符合

5. 完全符合

问卷调查到此为止。如果您对本次调研有相关的建议或意见，敬请批评指正。再次感谢您的耐心参与！

｜致　谢｜

在本书封笔之前，我要向那些帮助过我的人表达由衷的感激之情。

首先，我要感谢吉林财经大学会计学院的各位老师，尤其是会计学系的老师，对我研究工作的支持和帮助；感谢会计学院的领导对我进行科研和专著撰写的支持和关怀。其次，我还要感谢我指导的两位研究生岳常虹和魏琪芸，为我的专著写作收集了大量的资料。最后，我要感谢我挚爱的家人，感谢父亲背后不求回报的支持和鼓励，感谢我的爱人对我科研工作的支持，成为我坚强的后盾。

愿你们幸福、安康！

周园

2020 年 9 月

图书在版编目（CIP）数据

管理会计对企业价值创造的影响 / 周园著. —— 北京：
社会科学文献出版社，2022.1
ISBN 978 - 7 - 5201 - 9579 - 9

Ⅰ. ①管… Ⅱ. ①周… Ⅲ. ①企业管理 - 管理会计 -
研究 - 中国 Ⅳ. ①F275.2

中国版本图书馆 CIP 数据核字（2021）第 270843 号

管理会计对企业价值创造的影响

著 者 / 周 园

出 版 人 / 王利民
组 稿 编 辑 / 高 雁
责 任 编 辑 / 颜林柯
文 稿 编 辑 / 陈丽丽
责 任 印 制 / 王京美

出 版 / 社会科学文献出版社·经济与管理分社（010）59367226
地址：北京市北三环中路甲 29 号院华龙大厦 邮编：100029
网址：www. ssap. com. cn
发 行 / 市场营销中心（010）59367081 59367083
印 装 / 三河市尚艺印装有限公司

规 格 / 开 本：787mm × 1092mm 1/16
印 张：11.75 字 数：158 千字
版 次 / 2022 年 1 月第 1 版 2022 年 1 月第 1 次印刷
书 号 / ISBN 978 - 7 - 5201 - 9579 - 9
定 价 / 138.00 元